"十三五"普通高等教育规划教材

新商战 ERP 沙盘模拟

主　编　彭十一
副主编　林友谅　曾　丹
　　　　钟光荣　叶苗苗

中国财经出版传媒集团
中国财政经济出版社

图书在版编目（CIP）数据

新商战 ERP 沙盘模拟／彭十一主编．－－北京：中国财政经济出版社，2020.8（2024.1重印）

"十三五"普通高等教育规划教材

ISBN 978－7－5095－9865－8

Ⅰ.①新… Ⅱ.①彭… Ⅲ.①企业管理－计算机管理系统－高等学校－教材 Ⅳ.①F272.7

中国版本图书馆 CIP 数据核字（2020）第 099911 号

责任编辑：田明晖　　　　　　责任校对：张　凡
封面设计：陈宇琰

中国财政经济出版社 出版

URL：http://www.cfeph.cn

E-mail：cfeph@cfeph.cn

（版权所有　翻印必究）

社址：北京市海淀区阜成路甲28号　邮政编码：100142

营销中心电话：010-88191537　编辑部门电话：010-88190670

北京密兴印刷有限公司印刷　各地新华书店经销

787×1092 毫米　16 开　10.5 印张　265 000 字

2020 年 8 月第 1 版　2024 年 1 月北京第10次印刷

定价：32.00 元

ISBN 978－7－5095－9865－8

（图书出现印装问题，本社负责调换）

本社质量投诉电话：010-88190744

打击盗版举报热线：010-88191661　QQ：2242791300

前　言

ERP 沙盘模拟实训课程就是针对一个模拟企业，把该模拟企业运营的关键环节，包括战略规划、资金筹集、市场营销、产品研发、生产组织、物资采购、设备投资与改造、财务核算与管理等部分，设计为该实训课程的主体内容，把企业运营所处的内外部环境抽象为一系列的规则，由受训者组成若干个相互竞争的模拟企业，每个受训者在模拟企业中都担任一个角色，如 CEO（首席执行官）、CFO（财务总监）、CMO（市场总监）、COO（生产总监）、CPO（采购总监）等，通过模拟企业若干年的经营对抗（竞赛），使受训者在分析市场、制定战略、营销策划、组织生产、财务管理和人员考核等一系列活动中领会科学管理规律，提升管理能力，全面、深刻地体验到企业经营管理的实质和内涵。同时每年模拟经营结束之后，受训者通过对"公司"当年业绩的盘点与总结，反思经营成败、暴露决策误区，通过不断调整与改进练习，使受训者在参与、体验中完成从理论知识到实践技能的一次转化，在操盘后的总结交流中再完成对实践和理论理解的二次升华。

本书是在用友新道 ERP 电子沙盘模拟系统及其所提供材料的基础上，参考多位专家著作后，结合作者多年从事 ERP 沙盘模拟教学的理论和实践经验总结而成。本书的编写遵循了"加强实践、培养技能、突出应用"的原则，力求做到以能力培养为主线，突出教材的实用性、针对性、易懂性。全书共分为 7 章。第一章主要讲解什么是沙盘、ERP 沙盘模拟课程简介及实验内容。第二章是在指导教师的讲解下，认识 ERP 沙盘模拟基本框架及实训主体流程。第三章主要是从企业经营的角度来理解经营的本质、企业经营环境、企业基本业务流程及 ERP 沙盘企业经营流程表。第四章主要是从实战的角度，介绍企业经营 ERP 沙盘模拟的基本规则及其在实际比赛中的运用。第五章主要是从实战操作方法的角度，对企业经营 ERP 沙盘模拟经营流程作了具体地介绍。第六章主要是从实战操作策略的角度，结合具体问题，对受训者经营过程中有可能性出现的问题作了具体的分析。第七章主要是从经营结果评价的角度，对受训者企业经营管理业绩分析与评价的介绍，以达到最大限度提升受训者能力的目的。书后附录为实训报告书，是对受训者 ERP 沙盘模拟企业经营过程的详细记录。

本书紧扣基本理论知识，又突出实践操作技能；内容丰富、实用性强，既可作为高等院校"ERP沙盘模拟"课程的教材，也可作为企业管理人员培训的学习参考书。本书的编写得到了湖南理工学院ERP沙盘模拟教学团队的帮助，并参考了部分公开出版的教材、专著以及用友公司提供的原始表格，在此向原作者表示诚挚的谢意！同时本书的出版，得到了我院领导及中国财政经济出版社的大力支持，在此一并表示衷心的感谢！

由于时间仓促，加之作者水平有限，书中难免有不妥之处，恳请广大读者批评指正。

彭十一

2020年5月

目　录

第一章　ERP沙盘模拟简介 （1）
第一节　沙盘起源 （1）
第二节　ERP沙盘模拟课程简介 （2）
第三节　ERP沙盘模拟实验内容 （4）

第二章　ERP沙盘模拟实训过程 （7）
第一节　建立模拟企业 （8）
第二节　了解ERP沙盘模拟盘面 （10）
第三节　懂得企业经营管理方面的知识 （12）
第四节　"ERP沙盘模拟"课程的主体流程 （16）

第三章　ERP沙盘模拟企业经营分析 （19）
第一节　企业经营的本质 （19）
第二节　企业经营环境 （20）
第三节　企业经营基本业务流程 （21）
第四节　ERP沙盘模拟企业经营流程表 （22）

第四章　新道商战ERP沙盘模拟规则 （25）
第一节　筹资规则 （25）
第二节　投资规则 （28）
第三节　生产管理规则 （33）
第四节　营销管理规则 （34）
第五节　其他规则 （39）

第五章　新道商战沙盘系统学生操作运营实录 （41）
第一节　全年运营流程说明 （41）
第二节　年初工作 （43）
第三节　日常按季度执行的工作 （54）
第四节　年末工作 （71）

第五节　流程外运营操作 ……………………………………………………（76）

第六章　新道商战 ERP 沙盘模拟运营实战策略 ……………………………（82）
　第一节　战略规划策略 ………………………………………………………（82）
　第二节　财务预算策略 ………………………………………………………（89）
　第三节　市场营销策略 ………………………………………………………（93）
　第四节　生产采购策略 ………………………………………………………（108）
　第五节　提高厂房的利用率策略 ……………………………………………（111）
　第六节　财务分析策略 ………………………………………………………（112）

第七章　新道商战 ERP 沙盘模拟运营成果分析与评价 ……………………（115）
　第一节　沙盘模拟企业经营成果分析 ………………………………………（115）
　第二节　沙盘模拟企业经营成果评价 ………………………………………（125）

附录 A　企业运营过程记录表（新道商战沙盘系统） ……………………（134）

附录 B　生产计划及采购计划编制 …………………………………………（152）

附录 C　开工计划 ……………………………………………………………（154）

附录 D　采购及材料付款计划 ………………………………………………（155）

参考文献 ………………………………………………………………………（160）

第一章

ERP 沙盘模拟简介

第一节 沙盘起源

沙盘，是根据地形图或实地地形，按一定的比例关系用泥沙、兵棋等各种材料堆制而成的模型。由于它能清晰地模拟真实的地形地貌，让其所为之服务的对象不必亲临现场，也能对所关注的情况了然于胸，从而运筹帷幄，制定决策。故在军事上，常供研究地形、敌情、作战方案、组织协调运作和实施训练时使用。

沙盘在我国有悠久的历史。据《史记·秦始皇本纪》中记载："以水银为百川江河大海，机相灌输，上具天文，下具地理。"据说，秦国在部署灭六国时，秦始皇亲自堆制沙盘研究各国地理形势，在李斯的辅佐下，派大将王翦进行统一战争。后来，秦始皇在修建陵墓时，墓中堆塑了一个大型的地形模型，这说明秦始皇从统一战争中认识到地形之重要。模型中不仅砌有高山、丘阜、城邑等，而且用水银模拟江河、大海，用机械装置使水银流动循环。可以说这是最早的沙盘雏形，至今已有2200多年的历史。《后汉书·马援传》记载，公元32年，汉光武帝征讨陇西的隗嚣，召名将马援商讨进军策略。马援对陇西一带的地理情况很熟悉，就用米堆成一个与实地地形相似的模型，从战术上做了详尽的分析。这是我国古代战争史上最早运用沙盘研究战术的先例。

1811年，普鲁士国王腓特烈·威廉三世的文职军事顾问冯·莱斯维茨，用胶泥制作了一个精巧的战场模型，用颜色把道路、河流、村庄和树林表示出来，用小瓷块代表军队和武器，陈列在波茨坦皇宫里，用来进行军事游戏，按照实战方式进行策略谋划。这种"战争博弈"就是现代沙盘作业。

19世纪末和20世纪初，沙盘主要用于军事训练，第一次世界大战后，才在实际中得到广泛运用。随着电子计算机技术的发展，出现了电脑模拟战场情况的新技术，促使沙盘向自动化、多样化的方向发展。

1978年，瑞典皇家工学院的Klas Mellan开发出ERP沙盘模拟课程之后，ERP沙盘模拟演练迅速风靡全球。该课程最大的特点是采用体验式培训方式，遵循"体验——分享——提升——应用"的过程达到学习的目的。现在国际上许多知名的商学院（如哈佛商学院、瑞典皇家工学院等）和一些管理咨询机构都在用ERP沙盘模拟演练，对职业经理人、MBA、经济管理类学生进行培训，以期提高他们在实际经营环境中决策和运作的能力。

20世纪80年代初期，ERP沙盘模拟课程被引入中国，率先在企业的中高层管理者培训中使用，并快速发展。21世纪初，用友、金蝶等软件公司相继开发出了ERP沙盘模拟演练的教学版，将它推广到高等院校的实验教学过程中，现在越来越多的高等院校开设"ERP沙盘模拟"课程，并且都取得了很好的效果。

第二节　ERP沙盘模拟课程简介

"ERP沙盘模拟"就是将实物沙盘和ERP管理理念相结合，通过构建仿真企业环境，模拟真实企业的生产经营活动，集成企业的所有资源（涉及厂房、设备、物料，还包括人力资源、资金、信息等，甚至还包括企业上下游的供应商和客户），通过计划、决策、控制与经营业绩评估等手段对这些资源进行全方位和系统化的管理，以实现资源的优化配置，使企业流畅运转，从而达到商业上的成功。

在实际操作中，"ERP沙盘模拟"就是将企业内外部经营环境简化为一系列的规则。参加训练的学员分成若干个小组，每个小组4～5人，分别担任公司的总经理（CEO）、财务总监（CFO）、市场总监（CMO）、生产总监（COO）、采购总监（CPO）等。其中总经理（CEO）的职责是：企业所有重要决策均由CEO带领团队共同决定，如果大家意见相左，由CEO最终决定；财务总监（CFO）的主要职责是管好现金流，按需求支付各项费用、核算成本，按时报送财务报表并做好财务分析；进行现金预算、采用经济且有效的方式筹集资金，将资金成本控制在较低水平；市场总监（CMO）所担负的责任是：开拓市场，实现销售；生产总监（COO）的工作是通过计划、组织、指挥和控制等手段实现企业资源的优化配置，从而创造最大的经济效益；采购总监（CPO）负责编制并实施采购供应计划，分析各种物资供应渠道及市场供求变化情况，力求从价格、质量上把好第一关，确保在合适的时间点采购合适的品种及数量的物资，为企业生产做好后勤保障。各小组代表不同的虚拟公司，每个组都将面临来自其他企业（其他学员小组）的严峻挑战，通过模拟企业若干年的经营，使受训者在市场分析、制定战略、营销策划、组织生产、财务管理等一系列活动中，领悟到科学的管理规律，全面提升管理能力。

"ERP沙盘模拟"的战果还取决于每个"公司"之间相互影响、相互竞争的决策，以及这些公司作为集体与大的市场环境的相互影响。参加者必须学会分析竞争对手的优劣势，并且处理各种决策的后果。他们将会"亲身经历"企业每天所面临的各种挑战。在模拟过程中，除非每个小组公司有明确被认同的整体策略，以及小组内的每个成员既明确分工又密切合作，否则，他们将不可能获得好的成绩。培训之后，参加者可将此知识运用于真正的经营之中，他们不仅知道自己的决策对整个公司产生影响，还知道会产生什么样的影响和为什么会产生这些影响。最终，管理者会从战略的角度看待企业的全面经营管理，所做决策也会令企业朝着正确的方向发展。

一、ERP 沙盘模拟教学的主要特色

"ERP 沙盘模拟"为实战模拟，是一门体验式课程，重点培养受训者对隐性知识的领悟。在模拟训练中，受训者能直观地看到各部门间的运作和相互依赖的关系，深刻体验企业竞争策略和对各部门及整体经营结果的影响。无论经营模拟的结果是获利还是破产，亲身经历和实战心得，都将大大提升学生自身和策略规划和决策的能力。它将知识理论和实战模拟完整地结合在一起，不仅教受训者如何创造企业的竞争优势，如何发展竞争策略，如何制定制胜的经营计划，还会利用沙盘模拟，使受训者在课程中经历数年的公司运作，看见长期和短期的决策后果，深刻体会如何在市场竞争中脱颖而出，才能建立成功的企业。其重要意义在于所蕴含的全新教学观念、采用的全新教学模式和产生的全新教学效果。其特色主要表现在如下几个方面：

1. 情景角色模拟

传统教学模式的一大缺憾是理论与实践脱节。由于学生缺乏对企业实践的足够认识和感悟，对课堂教学的内容也很难真正理解和吸收，造成学习的空洞和乏味。ERP 沙盘模拟实训课程为学生安排具体角色，让学生通过模拟身临其境的实际参与到一个企业经营的完整流程中，有利于学生从理性到感性，再从感性到理性的认识循环。同时，学生通过角色扮演和体验，相互配合共同努力，培养和增强了团队协作意识，这在未来的工作中将是一笔宝贵经验。

2. 知识综合应用

我们为什么要学习目前的各种课程？它们在实际工作中有什么用？它们之间的关系是什么？从表 1-1 中，我们可以看到 ERP 沙盘模拟实训课程锻炼参与者综合运用各科知识，解决实际问题的能力。通过对企业经营管理的全方位接触，可以使学生在以下方面获益，在参与、体验中完成从知识到技能的转化。

表 1-1　　　　　　ERP 沙盘涉及的管理课程

管理职能	课程名称	知识到技能的转化	评价指标
战略管理	《企业战略管理》	战略管理过程、如何进行战略分析、如何进行企业外部环境分析、如何进行内部资源、如何进行能力和核心竞争力分析	若总分最高，确定为最佳 CEO
营销管理	《市场营销学》	市场分析与决策、产品组合与市场定位、投标与竞标策略制定、营销效率分析、研究市场信息	若投资回报率最高，确定为最佳 CMO
生产管理	《生产管理与运作》	生产运作战略、产品研究与开发、生产运作过程规划与管理	若订单违约率最低，确定为最佳 CPO
财务管理	《会计》《财务管理》	资本筹集与运用、报表编制与分析、预算与税收控制、财务分析工具	若财务费用与销售额之比最小，确定为最佳 CFO

续表

管理职能	课程名称	知识到技能的转化	评价指标
人力资源	《人力资源管理》	岗位分工、沟通和协作、工作流程到绩效考评	若总分最高,确定为最佳 CHO
信息管理	《管理信息系统》	企业竞争信息获取,企业信息化的观念、规划、实施及关键点	若情报贡献率最高,确定为最佳 CIO

3. 感受管理乐趣

ERP 沙盘模拟实训课程能让学生真正的通过体验来感受到管理的惊心动魄和无穷魅力,借此来培养学生对于学习的兴趣,从而在潜移默化中完成教学任务。如在企业经营决策中,可把平时工作中尚存疑问的决策带到课程中去印证企业经营决策,并且能够直接看到结果。通过听、看、练、想,真正的达到一个大学本科毕业生所需要的实践技能,去快乐的学习,主动地学习,进而创造性的学习。

二、ERP 沙盘模拟价值的主要体现

1. 树立共赢理念

市场竞争是激烈的,也是不可避免的,但寻求与合作伙伴之间的双赢、共赢是企业发展的长久之道。通过对企业环境的分析,有效地识别什么样的企业是战略合作伙伴,什么样的企业是潜在竞争对手,通过有效的战略同盟关系,相互利用高质量的企业资源,在竞争中寻求合作,企业才会有无限的发展机遇。

2. 全局观念与团队合作

企业经营要求每个角色都要以企业总体最优为目标,各司其职,相互协作,才能赢得竞争,实现目标。由于经营过程繁多的内容和复杂的步骤,没有良好的协作分工,很难做出周全的决策。学生需要学会对公司业务达成一致的理性和感性认识,形成共同语言,促成彼此之间的有效沟通。

3. 感悟人生

经营自己的人生与经营一个企业具有一定的相同性。在市场的残酷与企业的经营风险面前,是"轻言放弃"还是"坚持到底",不仅是虚拟企业面临的问题,也是人生中要抉择的问题。在企业模拟过程中,有些时候要谨小慎微,有些时候要大刀阔斧,有些时候要准确权衡,有些时候只能孤注一掷。每个企业风格就是这组成员个性综合的反应,借此可以培养学生对于挫败的承受能力以及对于收获成功背后原因的深刻思考。

第三节 ERP 沙盘模拟实验内容

ERP 沙盘模拟强调的是管理情景与条件的模拟,业务过程的重复模仿,让学习者在模仿过程中领会和掌握企业管理业务过程的知识。其主要内容包括：

1. 深刻体会 ERP 核心理念
（1）感受管理信息对称状况下的企业运作。
（2）体验统一信息平台下的企业运作管理。
（3）学习依靠客观数字评测与决策的意识及技能。
（4）感悟准确及时集成的信息对于科学决策的重要作用。
（5）训练信息化时代的基本管理技能。

2. 全面阐述一个制造型企业的概貌
（1）制造型企业经营所涉及的因素。
（2）企业物流运作的规则。
（3）企业财务管理、资金流控制运作的规则。
（4）企业生产、采购、销售和库存管理的运作规则。
（5）企业面临的市场、竞争对手、未来发展趋势分析。
（6）企业的组织结构和岗位职责等。

3. 了解企业经营的本质
（1）资本、资产、损益核算的流程，企业资产与负债和权益的结构。
（2）企业经营的本质——利润和成本的关系，增加企业利润的关键因素。
（3）影响企业利润的因素——成本控制需要考虑的因素。
（4）影响企业利润的因素——扩大销售需要考虑的因素。
（5）如何增加企业的利润。

4. 确定市场及产品战略、产品需求趋势分析
（1）产品销售价位、销售毛利分析。
（2）市场开拓与品牌建设对企业经营的影响。
（3）市场投入的效益分析。
（4）产品盈亏平衡点分析。
（5）如何才能拿到大的市场份额。

5. 掌握生产管理与成本控制
（1）采购订单的控制——以销定产、以产定购的管理思想。
（2）库存控制——ROA 与减少库存的关系。
（3）JIT——准时生产的管理思想。
（4）生产成本控制——生产线改造和建设的意义。
（5）产销排程管理——根据销售订单确定生产计划与采购计划。
（6）如何合理地安排采购和生产。

6. 全面计划与预算管理
（1）企业如何制定财务预算——现金流控制策略。
（2）如何制定销售计划和市场投入。
（3）如何根据市场分析和销售计划，来制定和安排生产计划和采购计划。
（4）如何进行高效益的融资管理。
（5）如何理解"预则立，不预则废"的管理思想。

7. 科学统筹人力资源管理

（1）如何安排各个管理岗位的职能。

（2）如何对各个岗位进行业绩衡量及评估。

（3）理解"岗位胜任符合度"的度量思想。

（4）如何更有效地监控各个岗位的绩效。

8. 获得学习点评

（1）培训学员实际训练数据分析。

（2）综合理解局部管理与整体效益的关系。

（3）优胜企业与失败企业的关键差异。

ERP沙盘模拟课程综合运用了案例教学、模拟教学和角色扮演等教学方式，将抽象的企业管理过程模型化、可视化，可以极大地调动参与者的积极性。

第二章

ERP 沙盘模拟实训过程

ERP 沙盘模拟是在一种仿真、直观的模拟市场环境中,培训学生如何综合运用各种管理知识和技能,发挥团队的协作精神,领导企业和部门在与众多竞争对手的激烈角逐中,获取最大的经济效益和市场份额。通过沙盘模拟,引领学生进入一个模拟的竞争性行业,将学生按每 4~6 人一组,分组建立若干模拟公司,围绕形象直观的沙盘教具,实战演练模拟企业的经营管理与市场竞争。通过该演练过程,学生将逐步认识企业的使命,理解企业的供应、生产、销售过程,掌握物流、资金流、信息流的运行规律,深刻理解企业各职能部门的职责、业务内容以及各部门的协调和制约关系,并且在经历模拟企业 5~6 年的荣辱成败过程中不断提高战略管理能力,感悟经营决策真谛。每一年度经营结束后,学生们通过对"公司"当年业绩的盘点与总结,反思决策成败,解析战略得失,梳理管理思路,暴露自身误区,并通过多次调整与改进的练习,切实提高综合管理素质。企业模拟经营沙盘实训过程如图 2-1 所示。

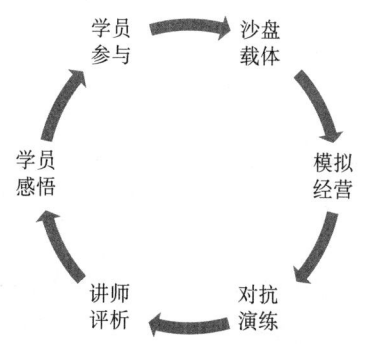

图 2-1 企业模拟经营沙盘实训过程

第一节　建立模拟企业

一、组建高效的团队

在沙盘对抗实训中，要将所有的学员分成若干个团队，团队就是由少数有互补技能、愿意为了共同的目的、业绩目标和方法而相互承担责任的人们组成的群体。而在每个团队中，各学员分别担任重要职位，包括CEO、财务总监、营销总监、生产总监和采购总监等职位。在经营过程中，团队的合作是必不可少的。要想打造一支高效的团队，应注意以下几点：

1. 有明确的共同目标

团队必须共同发展，并且要共同完成一个目标，这个目标可以使团队的成员向相同的方向努力，能够激发每个团队成员的积极性，并且使队员行动一致。团队要将总体的目标分解为具体的、可度量的、可行的行动目标。这些具体的目标和总体目标要紧密结合，并且要根据情况随时相应的修正。比如团队确立了自己六年发展的总目标，还要分解到每一年和每一季度具体如何运营。

2. 确保团队成员互补的能力

团队必须要发展一个完善的能力组合，比如担任财务总监的成员就要比较细心，对财务的相关知识有一定的了解，而担任CEO职务的人就应该具备比较强的协调能力和组织能力等。

3. 有一位团队型领导

在经营过程中需要做出各种决策，这就需要CEO能够统领全局，协调各部门之间的关系，充分调动起每个学员的积极性，还要能够作出正确的决策。要成为一个高效、统一的团队，团队领导就必须学会在缺乏足够的信息和统一意见的情况下及时做出决定。对于团队领导而言，要采取措施，努力引导和鼓励适当的、有建设性的良性冲突。将被掩盖的问题和不同意见摆到桌面上，通过讨论和合理决策将其加以解决，否则的话，将对企业的发展造成巨大的影响。

4. 履行好各自的责任

各学员应该按照自己的职位职责进行经营活动，而且应该把自己的工作做好。比如采购总监就应该负责原材料的采购，如果出现差错，直接会影响到以后的生产，而生产的产品数量又影响到交单的情况。所以一个小环节的疏漏，可能会导致满盘皆输。

此外，作为团队中的一员，首先要尊重别人，其次要能够接受批评，最后要善于交流。总之，作为一名员工应该以自己的思想感情、学识修养、道德品质、处世态度、举止风度，做到坦诚而不轻率，谨慎而不拘泥，活泼而不轻浮，豪爽而不粗俗，一定可以和其他团队成员融洽相处，提高自己团队作战的能力。

二、职能定位

在模拟企业中主要设置五个基本职能部门（可根据学员人数适当调整），其主要职责见表 2 - 1。

表 2 - 1　　　　　　　　　　　　各职位职责明细表

首席执行官 CEO	财务总监 CFO	市场总监 CMO	生产总监 COO	采购总监 CPO
制定发展战略	日常财务记账和登账	市场调查分析	产品研发管理	编制采购计划
竞争格局分析	向税务部门报税	市场进入策略	管理体系认证	供应商谈判
经营指标确定	提供财务报表	品种发展策略	固定资产投资	签订采购合同
业务策略制定	日常现金管理	广告宣传策略	编制生产计划	监控采购过程
全面预算管理	企业融资策略制定	制定销售计划	平衡生产能力	仓储管理
管理团队协同	成本费用控制	争取订单与谈判	生产车间管理	采购支付抉择
企业绩效分析	资金调度与风险管理	按时交货	成品库存管理	与财务部协调
管理授权与总结	财务分析与协助决策	销售绩效分析	产品外协管理	与生产部协同

各组学员可以根据自己的专长选择不同的职能部门，当人数较多时，可设置各助理职位，如财务助理等。确定好职能后，应按图 2 - 2 所示重新落座。

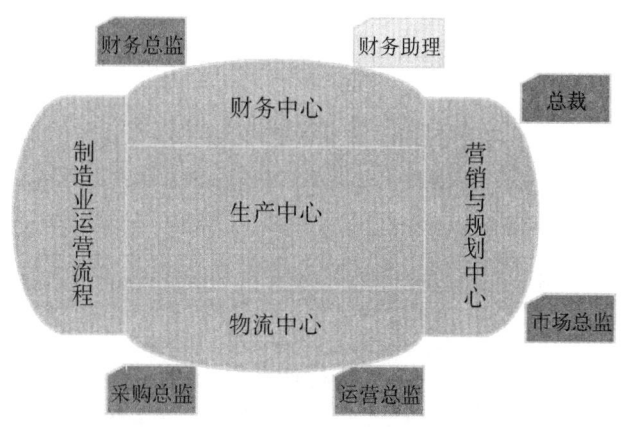

图 2 - 2　各职能部门座位图

三、公司成立及 CEO 就职演讲

1. 公司命名

在公司成立之后，每个小组要召开第一次员工大会，大会由 CEO 主持。在这次会议中要为自己组建的公司命名。公司名称对一个企业将来的发展而言至关重要，因为公司名称它不仅关系到企业在行业内的影响力，还关系到企业所经营的产品投放市场后，消费者对本企业的认可度；命名过程要符合行业特点、有深层次的文化底蕴，为打造知名品牌奠定基础。因此各小组要集思广益，为自己的企业起一个响亮的名字。

2. 确定企业使命

企业使命英文表示为 Mission，在企业远景的基础之上，具体的定义企业在全社会经济领域中所经营的活动范围和层次，具体的表述企业在社会经济活动中的身份或角色。它包括的内容为企业的经营哲学，企业的宗旨和企业的形象。在第一次员工大会上，学员还要集体讨论确定企业的宗旨和企业形象等问题。

3. CEO 就职演讲

小组讨论结束后，由 CEO 代表自己的公司进行就职演讲，阐述一下本公司的使命与目标等，为下一步具体经营管理企业打下良好的基础。

第二节　了解 ERP 沙盘模拟盘面

沙盘作为企业经营管理过程的道具，需要系统和概略性地体现企业的主要业务流程和组织架构。一般的企业管理沙盘包括企业生产设施和生产过程、财务资金运转过程、市场营销和产品销售、原材料供应、产品开发等主要内容。用友软件公司开发的 ERP 沙盘是比较典型的企业经营管理模拟沙盘，它设计了营销与研发中心、物流采购中心、生产中心以及财务中心。（职位）角色可以配备总裁、营销总监、财务总监、采购总监、营运总监，如图 2－3 所示。

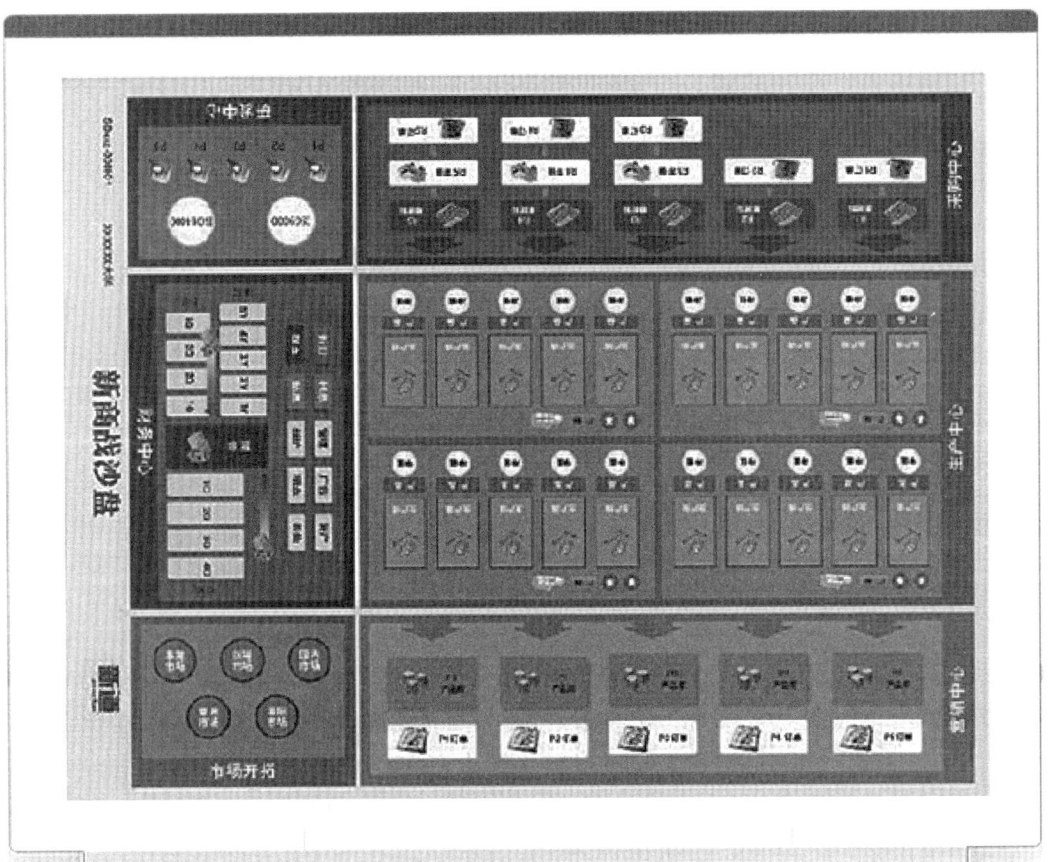

图 2－3　新道新商战沙盘盘面

下面结合新道新商战沙盘盘面对 ERP 沙盘模拟盘面进行介绍。

一、营销与研发中心

在盘面上，营销与研发中心主要包括三个区域：市场开拓研发区域、产品研发区域和 ISO 认证研发区域。

1. 市场开拓研发区域

确定企业需要开发哪些市场。在新道新商战沙盘模拟中，各公司可供选择开拓的还有本地市场、区域市场、国内市场、亚洲市场和国际市场，市场开拓完成换成相应的市场准入证。

2. 产品研发区域

确定企业需要研发哪些产品。在新道新商战沙盘模拟中，各公司可供选择开发的还有 P1 产品、P2 产品、P3 产品和 P4 产品，产品研发完成换成相应的产品生产资格证。

3. ISO 认证研发区域

确定企业需要争取获得哪些国际认证，包括 ISO 9000 质量认证和 ISO 14000 环境认证。ISO 认证完成换成相应的 ISO 认证资格证。企业只有取得相应的资格认证，才能进入相应的市场、获得相应产品的生产订单。

二、物流采购中心

在盘面上物流采购中心主要体现为原材料订单、在途原材料、原材料库、产品订单和产品库五个区域。

1. 原材料订单区域

代表与供应商签订的订货合同，订货数量用放在原材料订单处的空桶数量表示。原材料订单按 R1、R2、R3 和 R4 品种分别列示。

2. 在途原材料区域

R1、R2 原材料的采购提前期为一个季度；R3、R4 原材料的采购提前期为两个季度，这就导致 R3、R4 原材料有一个季度为在途原材料，在"在途原材料"区域中列示。

3. 原材料库区域

分别按照原材料品种列示，用于存放 R1、R2、R3、R4 原材料。

4. 产成品库区域

分别按照产品品种列示，用于存放 P1、P2、P3、P4 产成品。

5. 产品订单区域

分别按照 P1、P2、P3、P4 产品的品种列示，用于放置企业取得的产品订单。

三、生产中心

在盘面上，生产中心主要由厂房、生产线、产品标识和价值区构成。

1. 厂房

在新道新商战沙盘模拟盘面上设计了大、中、小三种厂房，共 4 个。大厂房内可以安装 4 条生产线；中厂房可以安装 3 条生产线；小厂房可以安装 2 条生产线，厂方的上方为其价值区，以"$"表示，若厂房为企业所有，将厂房相应的价值放置在价值区上。

2. 生产线标识

生产线的种类有手工生产线、全自动生产线、柔性生产线、租赁线，不同生产线生产效率及灵活性不同，同时生产线建造需要在生产厂房的容量内，也就是厂房有空位置容纳生产线，企业拥有哪种生产线就将其放置在相应的标识上。

3. 产品标识

企业可供选择生产或研发后生产的产品的种类有四种，分别为 P1、P2、P3、P4 产品，企业的生产线生产哪种产品，就将相应的产品标识放置在生产线下方的产品标识处，同时产品由不同的原材料制造而成。

4. 价值区

产品标识的下方，代表的是生产线的价值区，将企业拥有的生产线价值放置在其对应的产品标识下方的价值区处。

四、财务中心

在盘面上，财务中心涵盖的内容更为广泛，这里将其分为四个大的区域：费用区域、贷款区域、现金区域、应收/应付款项区域。

1. 费用区域

费用区域主要包括折旧、税金、贴息、利息、维修费、转产费、租金、管理费、广告费和其他企业经营期间发生的各项费用。当企业发生上述费用时，财务总监将同等费用金额的钱币放置在相对应的费用名称处。

2. 贷款区域

贷款区域用于体现企业的贷款情况，主要包括长期贷款、短期贷款和其他贷款（高利贷），企业贷款的金额是 10 万元的整数倍。企业发生贷款时，按照贷款的性质，将贷款的空桶放置在相应的位置上，每个空桶表示 20 万元。长期贷款按年分期，最长为 5 年，短期贷款和其他贷款按季度分期，最长为 4 个账期。

3. 现金区域

用于存放现金，现金用银币表示，每个价值 1 万元。

4. 应收/应付款项区域

用于列示企业的应收、应付款项，按照季度分为 4 个账期，离现金库最近的为即将收回的款项。账款金额用放置在相应位置上的装有现金的桶表示。

第三节 懂得企业经营管理方面的知识

在进入正式的模拟经营之前，我们先要了解 ERP 沙盘模拟课程主要涉及的企业管理知识。总的说来，该课程涉及整体战略、产品研发、生产运作、市场与销售、财务、团队沟通与建设等多个方面的内容，具体如下：

一、整体战略方面

企业战略就是企业作为整体该如何运行的根本思想，它是对处于动态变化的内外部环境之中，企业的当前及未来将如何行动的一种总体表述。企业战略所要回答的核心问题就是企业存在的理由是什么，也就是企业为什么能够从外部得到回报并生存下去。对于企业存在理由这一核心问题的回答，可以分解以下三个基本问题：

1. 企业的当前业务是什么

回答这一问题，需要说明企业目前到底在做什么事，从而引发对于现状的思考。对于目前状况的清楚认识，是企业制定战略的出发点。一个不清楚自己当前处于什么地位以及正在做什么的企业，是很难确定其要往哪里去及该到哪里去的。

2. 企业的目标业务是什么

回答这一问题，需要说明企业未来要做什么，从而引发对于目标的思考。对未来目标的清楚认识，是企业制定战略的指南针。一个不清楚自己未来应处于什么地位以及该做什么的企业，是很难确定其前进的路线及具体日程的。

3. 企业为什么能够存在

回答这一问题，需要说明企业对于当前业务与目标业务描述的依据是什么，从而引发对于企业存在理由的思考。对于企业存在理由的清楚认识，是企业制定战略的聚焦点。一个没有真正弄清自身存在理由的企业，是很难长期生存及进化发展的。

在企业管理 ERP 沙盘模拟中，涉及企业战略管理方面的知识主要包括：

（1）评估内部资源与外部环境，制定长、中、短期策略。

（2）预测市场趋势，调整既定战略。

（3）通过模拟经营，练习使用战略分析工具和方法，评估内部资源与外部环境，分析并识别市场机会。

（4）制定、实施模拟企业的中、长期发展战略。

（5）设计适合模拟企业战略需要的组织结构与运作流程。

（6）学习企业核心竞争力的确立与竞争优势缔造策略。

（7）根据模拟企业的发展需要，运用稳定、增长与收缩战略。

（8）通过分析生动鲜活的现场案例，认识不同战略选择与经营业绩之间的逻辑关系，及时反思现实企业战略安排的正确性。

（9）树立起为未来负责的发展观，体会经营短视的危害，从思想深处树立战略管理意识。

（10）确立"预则立，不预则废"的管理思想。

二、产品研发方面

（1）产品研发决策。

（2）学习运用产品组合策略和产品开发策略规划产品线，为模拟企业谋求稳定的利润来源，根据产品生命周期的不同阶段制定适应性战略。

（3）必要时做出修改研发计划，甚至中断项目的决定。

三、生产运作管理方面

（1）采购订单的控制，学习以销定产、以产定购的管理思想。
（2）选择获取生产能力的方式（购买或租赁）。
（3）了解库存控制 ROA 与减少库存的关系。
（4）了解 JIT 准时生产的管理思想。
（5）了解生产成本控制、生产线改造和建设的意义。
（6）根据销售订单的生产计划与采购计划，合理安排采购和生产。
（7）设备更新与生产线改良。
（8）全盘生产流程调度决策，匹配市场需求、交货期和数量及设备产能。
（9）库存管理及产销配合。

四、市场营销与销售方面

（1）市场开发决策。
（2）新产品开发、产品组合与市场定位决策。
（3）进行模拟市场细分和市场定位，制定新市场进入战略。
（4）练习使用竞争者辨识与分析技术。
（5）策划战略进攻与防御。
（6）运用营销组合策略谋求市场竞争优势。
（7）模拟在市场中短兵相接的竞标过程。
（8）刺探同行敌情，抢攻市场。
（9）根据模拟经营形势，灵活运用领导者、追随者、补缺者战略。
（10）建立并维护市场地位，必要时做退出市场的决策。
（11）通过应对市场环境的突变和竞争对手的市场攻势，培养管理者快速应变能力和危机管理能力。

五、财务方面

（1）制定投资计划，评估应收账款金额与回收期。
（2）预估长、短期资金需求，寻求资金来源。
（3）学习预算管理，在模拟经营中利用现金流预测，保证财务安全。
（4）掌握资金来源与用途，妥善控制成本。
（5）练习融资、采购、生产等环节的成本控制。
（6）洞悉资金短缺前兆，以最佳方式筹措资金。
（7）学习资源配置，协调融资、销售、生产的能力匹配。
（8）分析财务报表，掌握报表重点数据含义。
（9）运用财务指标进行内部诊断，协助管理决策。
（10）以有限资金转亏为盈，创造高利润。
（11）编制财务报表，结算投资报酬，评估决策效益。
（12）运用财务分析方法指导模拟经营决策，调整经营策略。

（13）制定财务预算、现金流控制策略。

（14）制定销售计划和市场投入计划。

（15）根据市场分析和销售计划，制定生产计划和采购计划。

（16）进行高效益的融资管理。

六、团队协作与沟通方面

（1）通过模拟团队协作认识团队的实质。

（2）在模拟经营中寻求团队的效率与效益来源。

（3）利用管理团队的自我调整，破解团队建设中的困惑。

（4）体验沟通对团队的意义。

（5）经过密集的团队沟通，充分体验交流式反馈的魅力，深刻认识建设积极向上的组织文化的重要性。

（6）系统了解企业内部价值链的关系，认识到打破狭隘的部门分割、增强管理者全局意识的重要意义。

（7）实地学习如何在立场不同的各部门间沟通协调。

（8）学习跨部门沟通与协调，树立全局意识。

（9）基于团队承诺，制定目标和行动计划，平衡资源，评价绩效。

（10）培养不同部门人员的共同价值观与经营理念。

（11）建立以整体利益为导向的组织。

七、决策管理方面

（1）学习制定融资计划、产品开发计划、固定资产投资计划、原材料采购计划、生产计划、市场开拓计划。

（2）演练每一个模拟经营环节的管理决策。

（3）利用期末总结进行经营反思，认清管理者对决策的误解。

（4）在不断实践和运用中解析理性决策程序。

（5）验证以往形成的管理思想和方法，使自身存在的管理误区得以暴露，管理理念得到梳理与更新。

（6）总结模拟公司频繁发生的决策误区。

（7）通过对模拟企业战略管理与经营决策的全方位、实质性参与，加深对企业经营的理解，有助于提高管理的有效性。

（8）现场运用团队决策，亲身体验群体决策的优势与劣势。

（9）针对模拟计划的决策失误，认识惯性决策的危害。

（10）通过模拟经营，大大提高洞察市场、理性决策的能力。

（11）通过模拟经营来检验、调整经营决策。

八、产业链价值管理

（1）通过现场案例研讨，认识产业价值链的组成和意义。

（2）运用产业链竞争原则进行产业链管理。

（3）拓展管理视角，走出内窥式管理的误区，初步树立起立足产业链价值分配原则，树立供应链管理思想。

（4）用现场的鲜活案例验证产业链价值分配均衡论。

（5）学习用价值链视角在模拟经营中谋求竞争优势，提高管理绩效。

九、系统效率方面

（1）在模拟经营过程中体会管理与效率的关系。

（2）分析业绩不良的模拟企业案例，寻找效率缺失的原因。

（3）分析绩优的模拟企业战略安排和决策特点，认识系统效率的来源。

（4）树立持续改进的管理思想，学会运用不同形式的管理改进方法改进组织管理绩效。

（5）在模拟经营过程中，探索组织效率改进的路径。

总而言之，ERP沙盘模拟经营不仅要求我们具有一定的管理知识，更需要我们有积极的心态、坦诚的沟通、相互的协作、互相信任和不怕失败的精神。

第四节　"ERP沙盘模拟"课程的主体流程

"ERP沙盘模拟"课程的主体流程包括多个步骤。

一、组建模拟公司

组织建模拟公司是手工"ERP沙盘模拟"课程的首要内容，主要包括：

（1）受训者分组，每组一般为4~6人，建立模拟公司，注册公司名称，组成若干相互竞争的模拟企业；

（2）分配角色，组建管理团队，参与模拟竞争。小组要根据每个成员的不同特点进行职能的分工，一般分为总裁、市场总监、生产总监、采购总监、财务总监等主要角色，当人数较多时，还可以适当增加财务助理、信息总监、监督、商业间谍等辅助角色，选举产生模拟企业的第一届总经理，确立组织愿景和使命目标。

二、模拟企业基本情况描述

对受训者来说，接手一家企业时，需要对企业有一个基本的了解，包括股东期望、企业目前的财务状况、市场占有率、产品、生产设施、盈利能力等。基本情况描述以企业起始年的两张主要财务报表（资产负债表和利润表）为基本索引，逐项描述企业目前的财务状况和经营成果，并对其他相关方面进行补充说明。

三、市场规则与企业运营规则解释

企业在一个开放的市场环境中生存，企业之间的竞争需要遵循一定的规则，诸如市场划分与市场准入规则，销售会议与订单争取规则，厂房购买、出售与租赁规则，生产线购买、转产与维修、出售规则，产品生产规则，原材料采购规则，产品研发与 ISO 认证规则，融资贷款与贴现规则等。在分组竞争前，需仔细向受训者讲解。

四、初始状态设定

对受训者来说，"ERP 沙盘模拟"可以是从创建企业开始，也可以是接手一个已经运营了多年的企业。若是后者，虽然已经从基本情况描述中获得了企业运营的基本信息，但还需要把这些枯燥的数字活生生地再现到沙盘盘面上，由此为下一步的企业运营做好铺垫。通过初始状态设定，可以使受训者深刻地感觉到财务数据与企业业务的直接相关性，理解财务数据是对企业运营情况的一种总结和提炼。

五、企业经营竞争模拟

企业经营竞争模拟是"ERP 沙盘模拟"课程的主体部分。经营伊始，每家企业通过查阅市场预测资料，对每个市场、每个产品的总体需求量、单价、发展趋势作出有效预测。每个企业在市场预测的基础上组织讨论企业战略和业务策略，在 CEO 的领导下按一定流程开展经营，作出所有重要事项的经营决策，决策的结果会从企业经营结果中得到直接体现。具体来说，主要包括以下几个环节：

1. 环境分析

任何企业的战略，都是针对一定的环境条件制定的。沙盘训练课程为模拟企业设置了全维的外部经营环境、内部运营参数和市场竞争规则。进行环境分析的目地就是要努力从近期在环境因素中所发生的重大事件里，找出对企业生存、发展前景具有较大影响的潜在因素，然后科学地预测其发展趋势，发现环境中蕴藏着的有利机会和主要威胁。

2. 经营会议

当学员对模拟企业所处的宏观经济环境和所在行业特性基本了解之后，各公司总经理组织召开经营会议，依据公司战略安排，作出本期经营决策，制定各项经营计划，其中包括：融资计划、生产计划、固定资产投资计划、采购计划、市场开发计划、市场营销方案。

3. 制定竞争战略

各"公司"根据自己对未来市场预测和市场调研，本着长期利润最大化的原则，制定、调整企业战略，战略内容包括：公司战略（大战略框架），新产品开发战略，投资战略，新市场进入战略，竞争战略。

4. 经理发言

各职能部门经理通过对经营的实质性参与，加深了对经营的理解，体会到了经营短视的危害，树立起为未来负责的发展观，从思想深处构建起战略管理意识，管理的有效性得到显著提高。

5. 沟通交流

通过密集的团队沟通，充分体验到了交流式反馈的魅力，系统了解企业内部价值链的关系，认识到打破狭隘的部门分割，增强管理者全局意识的重要意义。深刻认识建设积极向上的组织文化的重要性。

6. 财务结算

一期经营结束之后，学员自己动手填报财务报表，盘点经营业绩，进行财务分析，通过数字化管理，提高经营管理的科学性和准确性，理解经营结果和经营行为的逻辑关系。

7. 业绩汇报

各公司在盘点经营业绩之后，围绕经营结果召开期末总结会议，由总经理进行工作述职，认真反思本期各个经营环节的管理工作和策略安排，以及团队协作和计划执行的情况。总结经验，吸取教训，改进管理，提高学员对市场竞争的把握和对企业系统运营的认识。

六、现场案例分析点评

每一年经营下来，企业管理者都要对企业的经营结果进行分析，深刻反思成败之所在。教师更要结合课堂整体情况，找出大家普遍困惑的问题，对现场出现的典型案例进行深层剖析，用数字说话，让受训者感悟管理知识与管理实践之间的距离。具体来说，教师要根据各公司期末经营状况，对各公司经营中的成败因素深入剖析，提出指导性的改进意见，并针对本期存在的共性问题，进行案例分析与讲解。最后，教师要按照逐层递进的课程安排，引领学员进行重要知识内容的学习，使以往存在的管理误区得以暴露，管理理念得到梳理与更新，提高了洞察市场、理性决策的能力。

第三章

ERP 沙盘模拟企业经营分析

第一节 企业经营的本质

一般认为,企业是依法设立的以营利为目的,从事商品生产经营和服务活动的独立核算的经济组织。经营是指企业以市场为对象,以商品生产和商品交换为手段,为了实现企业的目标,使企业的投资、生产、销售等经济活动与企业的外部环境保持动态均衡的一系列有组织的活动。

通常,一个企业要具备以下要素:①拥有一定数量、一定技术水平的生产设备和资金;②具有开展一定生产规模和经营活动的场所;③具有一定技能、一定数量的生产者和管理者;④从事商品的生产、流通等经济活动;⑤自主经营、独立核算,具有法人地位;⑥生产经营活动的目的是获取利润。因此企业经营管理,就是由企业经理人员或经理机构对企业的经济活动进行计划、组织、指挥、控制、协调过程,以提高企业经济效益,实现盈利为目的的活动的总称。

企业经营的本质是股东权益最大化,从利润表中的利润构成不难看出盈利的主要途径:一是扩大销售(开源),二是控制成本(节流)。

一、扩大销售

利润主要来自于销售收入,而销售收入由销售数量和产品单价2个因素决定。

提高销售数量有以下方式:①扩张现有市场,开拓新市场;②研发新产品;③扩建或改造生产设施,提高产能;④合理加大广告投放力度,进行品牌宣传。

提高产品单价受很多因素制约,但企业可以选择单价较高的产品进行生产。

二、控制成本

产品成本分为直接成本和间接成本。

1. 降低直接成本

直接成本主要包括构成产品的原料费和人工费。在"ERP沙盘模拟"课程中，原料费由产品的物料清单结构决定，在不考虑替代材料的情况下没有降低的空间。用不同生产线生产同一产品的加工费也是相同的，因此，产品的直接成本是固定的。

2. 降低间接成本

从节约成本的角度，我们不妨把间接成本区分为投资性支出和费用性支出两类。投资性支出包括购买厂房和投资新的生产线等，这些投资是为了扩大企业的生产能力而必须发生的；费用性支出包括营销广告和贷款利息等，通过有效筹划是可以节约一部分的。

第二节 企业经营环境

一般来说，企业生产经营活动过程包括两大部分：一部分属于企业内部活动，即以生产为中心的基本生产和辅助生产过程以及产前的技术准备过程和产后的服务过程，对这些过程的管理统称为生产管理。另一部分属于企业外部活动，涉及流通、分配、消费等环节，包括物资供应、产品销售、市场预测与市场调查、为用户服务等过程，对这些过程的管理统称为经营管理，它是生产管理的延伸。因此企业经营所处的环境包括内部环境和外部环境。

一、企业内部环境

企业内部环境是指企业内部的物质、文化环境的总和，包括企业资源、企业能力、企业文化等因素，也称为企业内部条件，即组织内部的一种共享价值体系。

企业内部环境是有利于保证企业正常运行并实现企业利润目标的内部条件与内部氛围的总和。它由企业家精神、企业物质基础、企业组织机构和企业文化构成，四者相互联系、相互影响、相互作用，形成了一个有机整体。企业内部环境分析可以从企业内部管理、市场营销能力、企业财务和其他内部因素等几个方面进行分析。

二、企业外部环境

企业外部环境是对企业绩效起着潜在影响的外部机构，可分为一般环境与具体环境。

一般环境包括组织外的一切，如经济因素、政治条件、社会背景及技术因素；还包括能影响企业但联系尚不清楚的条件，如技术的发展。企业管理者通常将更多的注意力放在具体环境上。具体环境是与实现企业直接相关的那部分环境，是由对企业产生积极或消极影响的关键顾客或要素构成的，对每一个企业而言是不同的，并随着条件的改变而改变。典型的情况包括供应商、顾客、竞争者、政府机构及公共压力等。

1. 经济因素

它包括利率、通胀率、可支配收入的变动等,是一般环境中能够影响企业组织管理实践的一些因素。

2. 政治条件

它包括一个企业在其经营的所在国的总体稳定性及政府首脑对工商企业的作用所持的具体态度。

3. 社会背景

管理层必须使其经营适应所在社会变化中的社会预期。管理必须是变化的,例如,企业提供的产品和服务,以及它们的内部政策都必须做相应的改变。

4. 技术因素

当今社会,生产技术日新月异,在过去的几十年中,最迅速的变化发生在技术领域中。

5. 供应商

除了原材料、设备的提供者之外,广义的供应商还包括财政及劳动投入的供给者。管理层寻求以尽可能低的成本保证所需投入的持续稳定供应,因为很多投入存在着不确定性,故管理层还必须尽最大努力来保证输入流的持续稳定。

6. 顾客

企业是为满足顾客需要而存在的。显然,对一个企业而言,顾客代表着潜在的不确定性,其需求偏好会改变他们对企业产品和服务的需求。

7. 竞争者

所有企业,甚至是垄断企业,都有一个或更多个竞争者。任何企业的管理层都不能忽视自己的竞争者,否则他们会付出惨重的代价。

8. 政府机构

企业需要缴纳税收,此外,政府的政策导向也会对企业的生产经营决策带来重大的影响。

9. 公共压力

社会公众会对企业形成一定的压力,除了对产品的需求等外,在环境保护等方面,可能会对企业提出更高的要求。

第三节 企业经营基本业务流程

业务流程,是为达到特定的价值目标而由不同的人分别共同完成的一系列活动。活动之间不仅有严格的先后顺序限定,而且活动的内容、方式、责任等也都必须有明确的安排和界定,以使不同活动在不同岗位角色之间进行转手交接成为可能。活动与活动之间在时间和空间上的转移可以有较大的跨度。而狭义的业务流程,则认为它仅仅是与客户价值的满足相联系的一系列活动。

企业业务流程四要素是:活动,活动的方式,活动的承担者,活动的连接方式。

一、活动

企业流程是由活动组成的，活动构成了流程的最基本要素。企业流程中的活动往往是接收某一种类型的输入，在某种规则控制下，利用某种资源，经过变换转化为输出。

二、活动间的逻辑关系

由于活动之间的关系不同，可以导致出不同的结果，活动之间的逻辑关系也就成了决定流程的关键因素。流程之间的关系反映了活动之间发生的先后顺序，包括串行关系、并行关系与反馈关系。

三、活动的实现方式

分工导致流程的产生，但分工受一定的技术条件限制，它是在一定的技术条件下的分工，技术条件的不同会导致不同的分工，从而形成不同的流程。

四、活动的承担者

分工形成流程，分工使一个人完成的工作变成由若干人共同从事的活动。分工不仅受技术条件的限制，而且也受能承担这些活动的承担者状况的限制，既受这些承担者的数量限制也受这些承担者的素质限制。

生产制造型企业主要经济业务及流程图如图 3-1 所示。

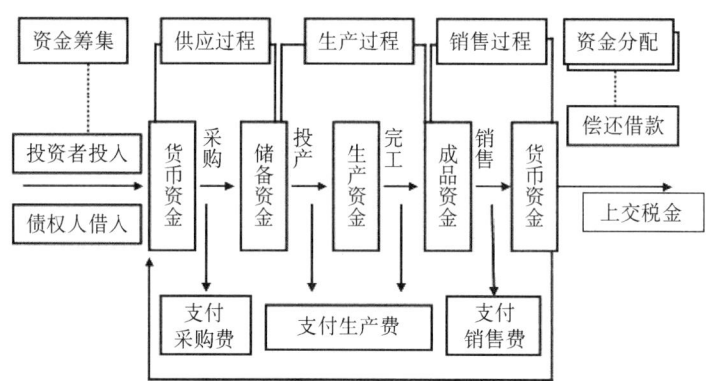

图 3-1　制造企业主要经济业务及流程图

第四节　ERP 沙盘模拟企业经营流程表

在 ERP 沙盘模拟中，时间以季度（Q）为单位，一年分成 4 个季度，因此 ERP 沙盘模拟整体经营过程可分成年初、四季、年末三个时间大段，见表 3-1。

表 3-1　　　　　　　　　　　整体经营过程

阶段	任务	备注
年初	年度规划、广告投放、选单/竞单/登记订单、支付应付税、支付长贷利息、更新长期贷款/长期贷款还款、申请长期贷款	7项工作
四季	季初盘点、更新短期贷款/短期贷款还本付息、申请短期贷款、原材料入库/更新原料订单、下原料订单、购买/租用厂房、更新生产/完工入库、新建/在建/转产/变卖——生产线、开始下一批生产、更新应收款/应收款收现、按订单交货、产品研发投资、厂房——出售（买转租）/退租/租转买、新市场开拓/ISO资格投资、支付管理费/更新厂房租、季末对账	17项工作，每季重复一次
年末	缴纳违约订单罚款、支付设备维修费、计提折旧、新市场/ISO资格换证、结账	5项工作
特殊工作	紧急采购、出售库存、贴现、厂房贴现	4项工作，紧急时采用，可随时进行

每一年经营由总裁CEO指挥，各岗位填写经营流程表（见附录A），有序地完成一年经营。各岗位需要各司其职，在经营流程表中填写自己负责的经营数据。总裁CEO在经营流程表中打勾表示完成该项任务；财务总监记录明细现金流入流出、费用发生、融资发生情况；采购总监记录原材料订货、出入库情况；生产总监记录生产线建设和变动情况，及在制品变化情况；营销总监记录生产资格、ISO、市场开发情况，产成品的出入库情况。

表3-2是ERP沙盘企业经营流程表，并将实物盘面与"商战"系统操作要点列出。

表 3-2　　　　　　　　　　　经营流程表

手工操作流程	系统操作	系统操作要点	系统操作次数限制
投放广告	投放广告	输入广告费确认	1次/年
参加订货会/登记订单	参加订货会	选单	1次/年
参加竞拍会/登记订单	参加竞拍会	竞单	1次/年（可能无）
支付应付税	投放广告	系统自动	
支付长贷利息	投放广告	系统自动	
更新长期贷款/长期贷款还款	投放广告	系统自动	
申请长期贷款	申请长贷	输入贷款数额并确认	不限
季初盘点（请填余额）	当季开始	产品下线，生产线完工（自动）	1次/季
更新短期贷款/短期贷款还本付息	当季开始	系统自动	1次/季
申请短期贷款	申请短贷	输入贷款数额并确认	1次/季
原材料入库/更新原料订单	更新原料库	需要确认付款金额	1次/季
下原料订单	下原料订单	输入并确认	1次/季
购买/租用——厂房	购置厂房	选择并确认，自动扣现金	不限
更新生产/完工入库	当季开始	系统自动	1次/季

续表

手工操作流程	系统操作	系统操作要点	系统操作次数限制
新建/在建/转产/变卖——生产线	新建生产线，在建生产线，生产线转产，变卖生产线	选择并确认，生产线转产，变卖生产线在生产线上直接操作	新建/转产/变卖——不限，在建——1次/季
紧急采购（随时进行）	紧急采购	选择并确认（随时进行）	不限
开始下一批生产	下一批生产	选择并确认，在生产线上直接操作	不限
更新应收款/应收款收现	应收款更新	确认	1次/季
按订单交货	按订单交货	选择交货订单并确认	不限
产品研发投资	产品研发	选择并确认	1次/季
厂房——出售（买转租）/退租/租转买	厂房处理	选择确认，出售自动转4季度应收款	不限
新市场开拓/ISO资格投资	市场开拓，ISO投资	仅第4季度允许操作	1次/年
支付管理费/更新厂房租金	当季（年）结束	系统自动	1次/年
季末对账（请填余额）	当季（年）结束	系统自动	1次/季
出售库存（随时进行）	出售库存	输入并确认（随时进行）	不限
厂房贴现（随时进行）	厂房贴现	选择并确认（随时进行）	不限
应收款贴现（随时进行）	贴现	输入并确认（随时进行）	不限
观盘（由裁判发指令）	间谍	选择并确认（随时进行）	不限
缴纳违约订单罚款	当年结束	系统自动	1次/年
支付设备维修费	当年结束	系统自动	1次/年
计提折旧	当年结束	系统自动	1次/年
新市场/ISO资格换证	当年结束	系统自动	1次/年
结账	系统中填制报表	系统核对报表	1次/年

第四章

新道商战 ERP 沙盘模拟规则

第一节 筹资规则

企业要进行生产、经营以及投资活动，就需要筹集一定数量的资金，筹资是企业进行一系列经济活动的前提和基础。在市场经济环境下，企业可以从不同渠道取得所需资金，而不同的筹资渠道和不同的筹资方式组合都存在一定的资金成本，将给企业带来不同的预期收益，也将使企业承担不同的税负水平。适当利用负债工具，有助于企业在有效控制税负水平的同时，实现预期所有者权益最大化目标。

一、筹资渠道

筹资渠道按时间可分为长期筹资和短期筹资。长期筹资是指企业向银行和非银行等金融机构以及其他单位借入的、期限在 1 年以上的各种借款，主要用于购建固定资产和满足长期流动资金占用的需要；短期筹资是指为满足企业临时性流动资金需要而进行的筹资活动。企业的短期资金一般是通过流动负债的方式取得的，短期筹资也称为流动负债筹资或短期负债筹资。

二、筹资方式及规则

在本书中 W 代表万元，Q 用来表示季度。
具体的筹资方式见表 4-1。

表 4-1　　　　　　　　　　　　　　　　筹资方式

筹资方式	贷款时间	贷款额度	年利率	还款方式	备注
长期贷款	每年年初	所有长短贷之和不超过上年权益3倍	10%	年初付息，到期还本	不小于10W
短贷贷款	每季度初		5%	到期一次还本付息	
资金贴现	任何时间	视应收款额	1季，2季：10% 3季，4季：12.5%	变现时贴息	贴现各账期分开核算，分开计息
库存拍卖	100%（产品）80%（原料）				
厂房出售	可将拥有的厂房出售，获得相应的应收账款；也可以将厂房贴现，得到现金				

1. 规则说明

(1) 长期贷款。长期贷款每年只有一次，即在每年年初，详见记录表中的运行任务清单。

在用友新道商战规则中，长短期贷款的总额度（包括已借但未到还款期的贷款）为上年权益总计的3倍，长期贷款、短期贷款必须为大于等于10W的整数申请。例：第1年结束后所有者权益为358W，第1年已借4年期长贷506W（且未申请短期贷款），则第2年可贷款总额度为：358×3－506＝568W。长期贷款每年必须支付利息，到期还本；当年的新长期贷款当年不支付利息，从下年开始支付利息；当年偿还的长期贷款当年仍要支付利息。贷款利息是根据长期贷款的贷款总额乘以利率计算。例：第1年申请504W长期贷款，第2年申请204W长期贷款，则第3年所需要支付的长期贷款利息＝（504＋204）×10%＝70.8W，四舍五入，实际支付利息为71W。

长期贷款最多可贷5年，不允许提前还款，结束年时，不要求归还没有到期的长期贷款。

(2) 短期贷款。短期贷款每年可贷四次，分别为每季度初，详见记录表中的运行任务清单。

在用友新道商战规则中，短期贷款借款周期为4Q（季度），到期时还本并支付利息。贷款利息按四舍五入计算。例：短期贷款210W，则利息为：210×5%＝10.5W，四舍五入，实际支付利息为11W。

短期贷款不允许提前还款，结束年时，不要求归还没有到期的短期贷款。

(3) 贴现。所谓贴现，在这里是指将尚未到期的应收账款提前兑换为现金。在资金出现缺口且不具备银行贷款的情况下，可以考虑应收账款贴现。应收账款贴现随时可以进行，必须按相关规则提取贴现费用。只要有足够的应收账款，可以随时贴现（包括次年支付广告费时，使用应收贴现）。贴现费用向下取整，所支付的贴现计入财务费用。

(4) 出售厂房。拥有的厂房可以出售。出售后的厂房仍可以使用，但需要支付租金。从财务角度看，这相当于获得一笔贷款：租金相当于利息。在用友新道商战规则中，大厂房的价值为400W，可在每季度出售厂房操作中出售，出售所得为4个账期的应收账款400W。在年终的第三项操作中，如大厂房在用，则支付租金40W，支付时放到贷款左侧"租金"椭圆中。

(5) 库存拍卖。当企业现金断流时，可以采用处理原材料和产品的方式融资。产品可以按照成本价出售；原材料按照8折的售价售出，即10W原材料回收8W，如果出售原材料不足10W，则扣除1W。库存折价拍卖计入其他损失。

2. 操作说明

（1）每个公司每年只在年初有一次申请长期贷款的机会。长期贷款由财务中心现金库左侧上方的"长期贷款"行五个方格中的空硬币桶代表。每个空硬币桶各代表20W。每个方格代表一年。任何公司欲申请长期贷款，首先由本组CFO填写"贷款申请表"并签字，再由CEO审核签字（申请短期贷款、紧急贷款同此）。长期贷款申请获得批准后，公司可从总台银行处取得相应的现金，放到现金库；并将对应的空桶放到"长期贷款"行左面第一格内。每年空硬币桶向现金库方向移动一格，当最终移进现金库时，表明该贷款到期。每年年初支付利息时，将应支付的利息放在沙盘盘面"利息"椭圆中；到期还本付息时，将应归还的贷款本金交到总台银行处，并将本年应支付的利息放在沙盘盘面的"利息"椭圆中。

（2）短期贷款由财务中心现金库左侧中间的"短期贷款"行四个方格中的空硬币桶代表。每个空硬币桶各代表20W，每个方格代表一个季度。短期贷款申请获得批准后，公司可从总台银行处取得相应的现金，放到现金库；并将对应的空桶放到"短期贷款"行左面第一格内。每季度硬币桶向现金库方向移动一格，当最终移进现金库时，表明该贷款到期。此时需将应归还的贷款交到总台银行处，并将应支付的利息放在盘面"利息"椭圆中。

（3）贴现可随时进行。操作时应由本组CFO将需要的金额填写到"应收账款明细表""贴现金额"和"贴现利息"栏中并签字，CEO审核签字。贴现申请获得批准后，在贴现过程中，对还有3、4个季度账期的应收账按8的倍数进行贴现，比较经济，如从应收账款中取8n（其中，n为倍数的数值）的应收账款，7n（其中，n为倍数的数值）为现金，放入现金区，其余为贴现费用，放在贴息处，计入财务支出。例如，将40M的4Q应收账款贴现，获得35M的现金，5M作为贴息。如贴现金额不足8M，也需负担1M贴现利息。

三、筹资策略

从表4-1可以看出，单从筹资成本来看，银行贷款是最划算的，接下来依次是应收账款贴现，最后是卖厂房、贴现。在实际操作过程中，企业的CFO应尽量做好筹资规划，选择合适的筹资方式，设法提高企业的所有者权益，充分利用各种融资渠道，按其最高限额进行借贷。另外在对应收账款进行贴现，必要时也可以将厂房进行卖转租，将厂房出售款贴现。

一般来说，公司各项开支的基本特点可概述为：

（1）常规开支：包括管理费用开支、生产线维护费用开支、利息开支等。这些开支的主要特点是与短期决策无关。即从短期看，是必须要用现金支付的费用。由于生产线总体上呈增加态势，所以这类开支总体上是逐步增加的。

（2）无形资产投资：包括产品研发、市场开拓、ISO认证投资等。这些开支的特点是取决于无形资产投资决策。本身无法收回，只能通过销售产品补偿。这类开支总体上表现为初期开支金额可能较大，越往后越小，后期基本不支出。

（3）固定资产投资：包括生产线投资和厂房投资。通常表现为两头高扬中间低陷的形态。这是由固定资产投资的特点决定的：初期希望扩大生产能力，也有财务力量支持；中期财务吃紧，暂停投资；后期现金充裕，继续加大投资规模。

（4）广告支出：直接取决于年度营销策略，受制于财务能力和经济效益。

第二节 投资规则

面对激烈竞争的市场，企业必须提升综合竞争能力，需要提升竞争能力，就必须进行投资。投资包括固定资产投资和无形资产投资。沙盘模拟经营企业过程中，固定资产投资主要是购买厂房、购建生产线，无形资产投资主要是开拓市场、认证开发和产品研发等。

一、厂房投资

厂房购买、出售与租赁规则见表 4-2。

表 4-2　　　　　　　　　　厂房购买、出售与租赁规则

厂房	买价	租金	售价	生产线容量
大厂房	400W	40W/年	400W（4Q）	4 条生产线
中厂房	300W	30W/年	300W（4Q）	3 条生产线
小厂房	180W	18W/年	180W（4Q）	2 条生产线

注：厂房不计提折旧。

规则说明如下：

1. 购买厂房

在用友新道商战规则中，租用或购买厂房可以在任何季度进行。如果决定租用厂房或者厂房买转租，租金在开始租用的季度交付，即从现金处取等量钱币，放在租金费用处。1 年租期到期时，如果决定续租，需重复以上动作。厂房租入后，1 年后可作租转买、退租等处理（例：第 1 年第一季度租厂房，则以后每一年的第一季度末"厂房处理"均可"租转买"），如果到期没有选择"租转买"，系统自动做续租处理，租金在"当季结束"时和"行政管理费"一并扣除。

2. 租赁厂房

在规则中，当运行记录表运行到"租金"时，如果厂房中有生产线，则不管什么时间投资的，也不管厂房是否是当年出售的，都需要支付租金。如果当年使用过厂房（其中有过生产线），但到最后一个季度将生产线出售了，即当运行记录表运行到"租金"时，厂房中已没有生产线，则不需要支付租金。

已购买的厂房不需要支付租金。

3. 出售厂房

在规则中，厂房可以在运行的每个季度规定的时间进行变卖。变卖时，需要财务总监携带运行记录本、应收账款登记表和厂房价值到交易处进行交易。经核准运作时间后，由交易处收回厂房价值，发放 4Q 的应收账款欠条，并在应收账款登记表中登记。

4. 厂房贴现

遇紧急情况时可将厂房贴现。厂房贴现等于将厂房应收款直接贴现，扣除相应厂房租金后，得到剩余的现金。

5. 厂房投资要点

厂房既是融资手段，也是投资项目（相当于蓄水池）。相对于租赁，购买厂房可获得相当大的投资收益率。一般情况下，厂房应在现金比较宽裕的年度买进，不仅获得投资收益，还有利于最终比赛成绩。新建或租赁生产线，必须要购买或租用厂房，没有租用或购买厂房不能新建或租赁生产线，同时如果厂房中没有生产线，可以选择厂房退租。

二、生产线投资

可供选择的生产线有手工生产线、半自动生产线、全自动生产线和柔性生产线。不同类型生产线的主要区别在于生产效率和灵活性。生产效率是指单位时间生产产品的数量；灵活性是指转产生产新产品时，设备调整的难易性。有关生产线投资规则见表4-3。

表4-3　　　　　　生产线购买、转产与维护、出售（用友新道商战）

生产线	购买价格	安装周期	生产周期	转产周期	转产费	维修费	残值
手工线	35W	无	2Q	无	0W	10W/年	5W
半自动	100W	2Q	1Q	无	30W	35W/年	20W
自动线	150W	3Q	1Q	1Q	20W	20W/年	30W
柔性线	200W	4Q	1Q	无	0W	20W/年	40W
租赁线	0W	无	1Q	无	10W	65W/年	-65W

1. 规则说明

每条生产线同时只能有一个产品在线。产品上线时需要支付加工费。不同生产线的生产效率不同，但需要支付的加工费是相同的，均为10W。

（1）购买新生产线。在"系统"中新建生产线，需先选择厂房，然后选择生产线的类型，特别要确定生产产品的类型（产品标识必须摆上）；生产产品一经确定，本生产线所生产的产品便不能更换，如要更换，需在建成后，进行转产处理；投资新生产线时，按安装周期平均支付投资，全部投资到位的下一个季度领取产品标识，开始生产。资金短缺时，可以随时中断投资。下面以添置新全自动生产线手工操作为例。

开始投资的第一个季度：到总台领取全自动生产线标牌，背面向上放到某厂房某个空位置（以后不得移动）。标牌上放3个空桶，从现金库取50W放入第一个空桶中。

第二个季度追加投资：从现金库取50W放入第二个空桶中。

第三个季度追加投资：从现金库取50W放入第三个空桶中。

第四个季度完工投产：把3只桶中的现金币集中到一只桶中，放到该生产线下方"生产线净值"圆圈内。到总台领取产品标识牌，准备开工。

每次操作可建一条生产线，同一季度可重复操作多次，直至生产线位置全部铺满。自动线和柔性线待最后一期投资到位后，必须到下一季度才算安装完成，允许投入使用。手工线和租赁线当季购入（或租入）当季即可使用。

（2）转产生产线。转产生产线是指生产线转而生产其他产品。转产时可能需要一定的转产周期,并支付一定的转产费用。最后一笔支付到期一个季度后,方可更换产品标识。转产时,生产线上不能有正在生产的产品,只有空的并且已经建成的生产线方可转产。

下面以全自动生产线转产手工操作为例。

第一个季度开始转产:将原产品标牌交到总台,并将全自动生产线标牌翻过来,背面向上放到原位置。标牌上按"转产周期"所示周期数放 1 个空桶,从现金库取 10W 放入第一个空桶中。

第二个季度完工投产:把 1 只桶中的现金币放到"短期贷款"左边"转产费"椭圆内。到总台领取新产品标识牌,准备开工。

手工生产线和柔性生产线转产时不需要进行上述操作,可直接转产。

(3) 维护生产线。每种生产线的维护费不同,要按规则执行。

当年建成并已生产的生产线、转产中的生产线都要交维修费;凡已出售的生产线(包括退租的租赁线)和新购正在安装的生产线不交纳维护费。如,A 公司在第 1 年第四季度将一条自动生产线出售,则出售的该条生产线不用交纳维护费。

生产线安装完成的当年,不论是否开工生产,都必须交纳维护费,如 A 公司在第 1 年第二季度开始投资建设全自动生产线,在第 1 年年末时,该条生产线还没建成,不需要交纳维护费。在第 2 年第二季度完成建设并投产,故在第 2 年年末需要交纳维护费;正在进行转产的生产线也必须交纳维护费;因待料或其他原因导致停工的生产线也必须交纳维护费。

(4) 出售生产线。当生产线上的在制品完工后,可以变卖生产线。生产线只能按残值出售。出售生产线时,首先把该生产线标牌交到总台。如果生产线净值等于或小于残值,此时将净值转化为现金;如果生产线净值大于残值,相当于残值的部分转化为现金,放入现金库,将差额部分作为综合费用中其他费用处理。

(5) 生产线折旧。当年投资的生产线价值计入在建工程,当年不计提折旧。在用友新道商战规则中,每条生产线单独计提折旧,折旧采用平均年限法,期限 4 年。完成规定年份的折旧后,剩余的残值可保留,该生产线也可继续使用,直到该生产线变卖为止。有关生产线折旧规则见表 4-4。

表 4-4　　　　　　　　　　生产线折旧(平均年限法)

生产线	购置费	残值	建成第 1 年	建成第 2 年	建成第 3 年	建成第 4 年	建成第 5 年
手工线	35W	5W	0	10W	10W	10W	0W
半自动	100W	20W	0	20W	20W	20W	20W
自动线	150W	30W	0	30W	30W	30W	30W
柔性线	200W	40W	0	40W	40W	40W	40W

2. 操作说明

(1) 购买新生产线。生产线安装完成后,需将所有投资额放在设备价值处。各组之间不允许相互购买生产线,只允许向设备供应商(交易处)购买。生产线一经投资,不允许搬迁移动(包括在同一厂房内的生产线)。

(2) 转产生产线。转产停工时,需将生产线翻转在盘面上。待达到转产周期时,可翻转,并向裁判领取相应的产品生产标识。

（3）维护生产线。按盘面上年末实际建成的生产线的数量交纳维护费，不包括已经出售和正在建设的生产线。

（4）出售生产线。将变卖的生产线的残值放入现金区，如果还有剩余的价值（即没有提完的折旧），将剩余价值放入"其他"费用，记入当年"综合费用"，并将生产线交还给供应商即完成变卖。

（5）生产线折旧。折旧不影响资金流情况，折旧时从生产线价值中取出相应的折旧额，放在"折旧"项目，在"利润表"中进行计算。

（6）生产线不允许在不同厂房移动。在用友新道商战规则中，租赁线不需要购置费，不用安装周期，不提折旧，维修费可以理解为租金；其在出售时（可理解为退租），系统将扣 65W/条 的清理费用，记入损失；该类生产线不计小分。

三、国际认证体系投资

目前，ISO 9000 系列标准已被全世界 80 多个国家和区域的组织所采用，满足了广大组织质量管理和质量保证体系方面的需求。ISO 14000 系列标准是对组织的活动、产品和服务从原材料的选择、设计、加工、销售、运输、使用到最终废弃物的处置进行全过程的环境保护管理方面的要求。

ISO 投资方式见表 4-5。

表 4-5　　　　　　　　　　　ISO 投资（用友新道商战）

ISO 类型	总投资费用	投资周期	年投资额
ISO 9000（质量管理体系）	20W	2 年	10W
ISO 14000（环境管理体系）	40W	2 年	20W

1. 规则说明

（1）每项 ISO 开发不允许超前投资。例如，ISO 9000 的投资周期是 2 年，投资费用 20W，不能在一年内一次性投入 20W，以获得 ISO 9000 资格。只能在一年内投入 10W，累积达到 20W 时，方可获得 ISO 9000 资格。

（2）ISO 9000 与 ISO 14000 都独立存在，需要分别投入，以获得相应的 ISO 资格。例如，要想拥有 ISO 9000 和 ISO 14000 资格，则需要在投资周期内每年分别在 ISO 9000 和 ISO 14000 上各投入 10W 和 20W。连续投资两年后，获得 ISO 9000 和 ISO 14000 资格。

（3）ISO 的投资可同时进行，也可择其一投资。例如，可以同时进行 ISO 9000 和 ISO 14000 的投资，也可只投资 ISO 9000 或 ISO 14000。

（4）ISO 认证，只有在第四季度末才可以操作，ISO 的投资可随时中断或者停止。例如，第 1 年在 ISO 9000 上投入 10W 进行开发。在第 2 年企业出现资金短缺情况，于是停止投资 ISO 9000，即在当年不投入。在第 3 年，企业资金状况好转，遂决定继续投资 ISO 9000，继续投入开发费 10W。至此，投资周期累计达到 2 年，投资费用累计达到 20W，获得 ISO 9000 资格。又如，第 1 年在 ISO 14000 上投入 20W 进行开发，后发现之前市场预测分析失误，于是停止对 ISO 14000 的投资，即最终放弃取得 ISO 14000 资格。

（5）只有获得 ISO 资格证后，才有资格获取具有 ISO 要求的特殊订单。

2. 操作说明

（1）每年按照投资额将投资放在 ISO 证书位置。

（2）当投资完成后，持所有投资到主裁判处换取 ISO 资格证。

3. 投资要点

（1）早投资，早见效，早受益，多受益。

（2）有些无形资产（如市场开拓、ISO 认证等）一经开发完成就需要连续维持投入，因此应注意见效时点。

（3）无形资产投资全部计入当年损益。所以不仅要考虑现金流，还需要考虑所有者权益，以及由所有者权益限制的贷款额度等。

（4）市场领导者地位也是一项重要的很有价值的无形资产，但应正确地衡量投入产出效益。

（5）任何资金，都希望投资后就能得到有效利用和回报。对于认证，对于用友新道商战来说，一般在第 1 年就要开始投资。

四、产品研发投资

P1、P2、P3、P4、P5 五种产品的技术含量依次递增，需要投入的研发时间和研发投资是有区别的，产品研发投资规则见表 4-6。

表 4-6　　　　　　　　　　产品研发投资（用友新道商战）

名称	开发费用	开发总额	开发周期	加工费	直接成本	产品组成
P1	10W/季	20W	2 季	10W/个	20W/个	R4
P2	10W/季	30W	3 季	10W/个	30W/个	R2 + R3
P3	10W/季	40W	4 季	10W/个	40W/个	R1 + R3 + R4
P4	10W/季	50W	5 季	10W/个	50W/个	P1 + R1 + R2
P5	10W/季	60W	5 季	10W/个	60W/个	P2 + R1 + R3

1. 规则说明

（1）每个产品的研发必须按研发周期分别投入，不允许一次性投入。例如，在规则中，开发 P2 产品需要 3Q，研发费用 30W，不能在 1Q 内一次性投入 30W 以获得 P2 的生产资格，只能在 1Q 内投入 10W，累计达到 30W 时，方可获得 P2 的生产资格。

（2）各个产品的研发都独立存在，需在不同产品上分别投入研发费用，以获得相应的生产资格。例如，在规则中，要同时研发 P2 和 P3 产品，需要在研发周期内分别在 P2 和 P3 产品投入 10W 的研发费用。

（3）各个产品的研发可同时进行。例如，在资金充裕的情况下，可以在研发 P2 产品的同时开发 P3 产品和 P4 产品。

（4）产品研发可随时中断或者停止。例如，在第 2 年第一季度，经预测，如果继续研发 P4 产品，公司将出现资金短缺情况，于是停止开发 P4（之前已开发了 4Q，还剩 1Q 就完成开发），即在当年不投入。在第 3 年第一季度，公司资金状况好转，遂决定继续开发 P4 产品，在第 3 年第一和第二季度分别投入产品研发费用 10W。至此，已经达到研发周期 5Q，即可获得 P4 的生产资格。从第三季度开始，即可安排生产。

（5）拿到产品生产资格才能生产相应产品，但不影响参加相应产品的订货会。例如，在第1年第一季度开始研发P4产品，在第2年的产品订货会上，依然可以在P4产品上投入广告费，争取相应的订单。因为P4产品的研发需要5Q，在第1年经过4Q的研发后，还需1Q就完成研发，在第2年第一季度如果继续投入研发费用，完成5Q的研发后，就可在第二季度开始生产P4产品。假设此时用全自动生产线来全力生产P4，则可在第2年第三、四季度分别下线1个P4，共计2个P2产品。

（6）已投资的研发费不能回收。

2. 操作说明

（1）P1、P2、P3、P4产品都需要研发后才能获得生产许可，只有获得生产许可证后才能开工生产该产品。

（2）每季度按照投资额将现金放在生产资格位置。

（3）研发投资完成后，持全部投资换取产品生产资格证。

（4）研发投资计入综合费用。

第三节　生产管理规则

一、产品生产

1. 产品生产规则

产品研发完成后，可以接单生产。生产不同的产品需要不同的材料，生产各种产品所需物料清单及产品成本构成见表4-7。

表4-7　　　　　　　　　产品原材料、加工费、成本

产品	原材料	原材料价值	产品原材料总价值	加工费	直接生产成本
P1	R4	均为10W	10W	均为10W	20W
P2	R2 + R3		20W		30W
P3	R1 + R3 + R4		30W		40W
P4	R1 + R2 + P1		40W		50W

2. 操作说明

（1）所有生产线都能生产所有产品，但每条生产线不能同时生产两个产品。

（2）不同生产线的生产效率不同，但每个产品支付的加工费均为10W，每一种原料价值均为10W。

（3）有些生产线转产新产品时可能需要一定转产周期及转产费用。

（4）产品紧急采购价格为正常产品价格的3倍，紧急采购多付出的成本计入综合费用其他项。

二、原材料采购

采购需经过下原材料订单和采购入库两个步骤。下原材料订单要注意订货提前期。各种原材料的订货提前期见表4-8。

表4-8　　　　　　　　　　　材料的订货提前期

名称	购买价格	提前期
R1	10W/个	1季
R2	10W/个	1季
R3	10W/个	2季
R4	10W/个	2季

操作说明如下：

（1）根据上季度所下采购订单接受相应原料入库，并按规定付款或计入应付款。用空桶表示原材料订货，将其放在相应的订单上，R1、R2订购必须提前一个季度，R3、R4订购必须提前两个季度，到期方可取料。早了会造成原材料积压，占用资金；晚了会造成停工待料，影响生产效率。

（2）用空桶表示原材料订货，将其放在沙盘盘面相应的原材料订单上，并填写采购订单登记表，订货时不付款。

（3）在规则中，每种原材料的价格均为10W，原材料到货后必须根据采购订单如数接受相应原料入库，并按规定支付原料款，不得拖延。

（4）没有事先订货可以紧急采购，付款即到货。原材料紧急采购价格为正常原材料价格的2倍。紧急采购原材料时，直接扣除现金；上报报表时，成本仍然按照标准成本记录，紧急采购多付出的成本计入综合费用其他项。

第四节　营销管理规则

一、市场准入

市场是企业进行产品营销的场所，标志着企业的销售潜力。在进入某个市场之前，企业一般需要进行市场调研、选址办公、招聘人员，并做好公共关系、策划市场活动等一系列工作。而这些工作均需要消耗资源——资金及时间。由于各个市场地理位置、区域不同，开发不同市场所需要的时间和资金投入也不同，在市场开发完成之前，企业没有进入该市场销售的权力。开发不同市场所需要的时间和资金规则见表4-9。当某个市场开发完成之后，该企业就取得了在该市场上经营的资格（取得了相应的市场准入证），此后就可以在该市场进行广告宣传，争取客户订单了。

表 4-9　　　　　　　　　市场准入规则（用友新道商战）

市场	每年开拓费	开拓年限	全部开拓费用
本地	10W/年	1 年	10W
区域	10W/年	1 年	10W
国内	10W/年	2 年	20W
亚洲	10W/年	3 年	30W
国际	10W/年	4 年	40W

1. 规则说明

（1）在规则中，每个市场开发每年最多投入 10W，不允许超前投资。例如，开发国内市场的投资周期是 2 年，投资费用 20W，不能在一年内一次性投入 20W，以获得国内市场准入资格。只能在一年内投入 10W，累积达到 20W 时，方可获得国内市场的准入资格。

（2）各个市场都独立存在，需在不同市场上投入开发费用，以获得相应的准入资格。例如，要进入区域市场和国内市场，需要在投资周期内每年分别在区域和国内市场上投入 10W。

（3）各个市场的开发可同时进行。例如，可以在开发区域市场的同时，开发国内市场以及亚洲市场，甚至国际市场。

（4）市场开发可随时中断或者停止。例如，在第 3 年，企业出现资金短缺情况，于是停止开发亚洲市场（之前已开发 2 年），即在当年不投入。在第 4 年，企业资金状况好转，遂决定继续开发亚洲市场，继续投入亚洲市场开发费 10W，至此，开发周期累计达到 3 年，投资费用累计达到 30W，获得亚洲市场准入资格。在第 5 年，即可在亚洲市场上投入广告费，争抢产品订单。

又如，第 1 年在国内市场上投入 10W 进行开发，后发现之前市场预测分析失误，于是停止对国内市场的开发，即最终放弃国内市场。

（5）拿到市场准入证才能参加相应市场的订货会。例如，第 1 年同时开发了区域和国内市场，在第 2 年的产品订货会上，只能在区域市场上下竞单，不能在国内市场上下竞单，因为区域市场的投资周期为 1 年，经过 1 年的开发已经取得市场准入资格，而国内市场的投资周期为 2 年，还不具备市场准入资格，即不能参加国内市场的订货会。

2. 操作说明

（1）投资某市场时，将 10W 现金放在"市场准入"位置处。

（2）当完成全部投资后，经核准，换取相应的市场准入证，并放在盘面"市场准入"的位置处，其研发投资所发生的支出计入当期的综合费用。

二、竞单规则

市场需求用客户订单的形式表示，订单上标注了订单编号、订单价值总额、市场、产品、产品数量、单价、账期、产品认证资格的要求等要素。例如，订单上的账期代表客户收货时货款的交付方式，若为 0 账期，则现金付款；若为 3 账期，则表示客户付给企业的是 3 个季度到期的应收账款。如果订单上标注了"ISO 9000"或"ISO 14000"，则要求生产单位必须取得相应的认证资格,才能接此订单。如果订单上有"加急!!!"字样,表示此订单为加急订单,必须在第一季度交货;其余订单为普通订单,可以在当年内规定的季度之前交货。

1. 竞单规则

(1) 订货会年初召开,一年只召开一次。例如,如果在该年年初的订货会上只拿到2张订单,那么在当年的经营过程中,再也没有获得其他订单的机会。

(2) 广告费分市场、分产品投放,订单按市场、按产品发放。例如,如果企业拥有P1、P2的生产资格,在年初国内市场的订货会上只在P1上投入了广告费用,那么在竞单时,不能在国内市场上获得P2的订单。

又如,在订单发放时,先发放本地市场的订单,按 P1、P2、P3、P4 产品次序发放;再发放区域市场的订单,再按 P1、P2、P3、P4 产品次序发放。

对用友新道商战来说,最小得单广告额一般为 10W(为参数,数值大小可修改),此后每多投入最小得单广告额的 2 倍,多一次选单机会。如在某产品,某市场投入广告费 70W,表示最多有 4 次机会,但能否行使 4 次机会取决于市场需求、竞争态势。如果投小于 10W 广告额则无选单机会,但仍扣广告费,对计算市场广告额有效。广告投放可以是非 10 的倍数,如 11W、12W,且投 12W 比投 11W 或 10W 优先选单。投放广告,只有裁判宣布的最晚时间,没有最早时间。即你在系统里当年经营结束后即可投下一年的广告。

(3) 如果要获得 ISO 要求的订单,企业必须要获得 ISO 认证资格证书。

(4) 销售排名及市场老大规则。每年竞单完成后,根据某个市场的总订单销售额排出销售排名。排名第一的为市场老大,下年可以不参加该市场的选单排名而优先选单(只有在有市场老大的竞单规则中,才有用)。其余公司仍按选单排名方式确定选单顺序。

(5) 选单排名顺序和规则在用友新道商战规则中,如果没有市场老大,选单时首先以当年本市场本产品广告额投放大小顺序依次选单;如果两队本市场本产品广告额相同,则看本市场广告投放总额;如果本市场广告总额也相同,则看上年本市场销售排名;如仍无法决定,先投广告者先选单。第一年无订单。同时选单时,两个市场同时开单,各队需要同时关注两个市场的选单进展,其中一个市场先结束,则第三个市场立即开单,即任何时候会有两个市场同开,除非到最后只剩下一个市场选单未结束。如某年有本地、区域、国内、亚洲四个市场有选单。则系统将本地、区域同时放单,各市场按 P1、P2、P3、P4、P5 顺序独立放单,若本地市场选单结束,则国内市场立即开单,此时区域、国内二市场保持同开,紧接着区域结束选单,则亚洲市场立即放单,即国内、亚洲二市场同开。选单时各队需要点击相应的市场按钮(如"国内"),某一市场选单结束,系统不会自动跳到其他市场,如图 4-1 所示。

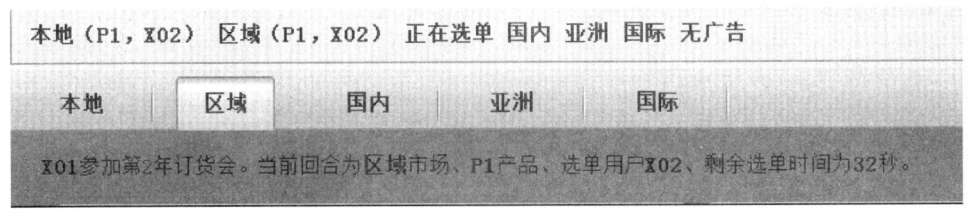

图 4-1 选单界面一

请注意：

第一，出现确认框要在倒计时大于 5 秒时按下确认按钮，否则可能造成选单无效；

第二，在某细分市场（如本地 P1）有多次选单机会，只要放弃一次，则视同放弃该细分市场所有选单机会；

第三，选单时各队两台电脑同时联接入网；

选单界面如图 4-2 所示：

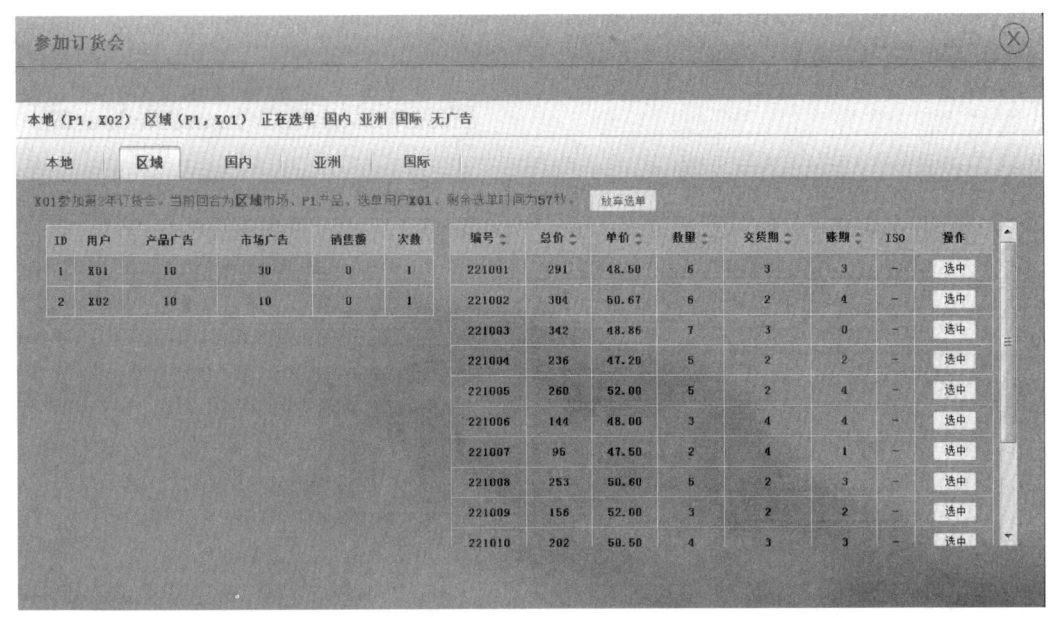

图 4-2　选单界面二

选择相应的订单，点"选中"，系统将提示是否确认选中该订单，如图 4-3 所示：

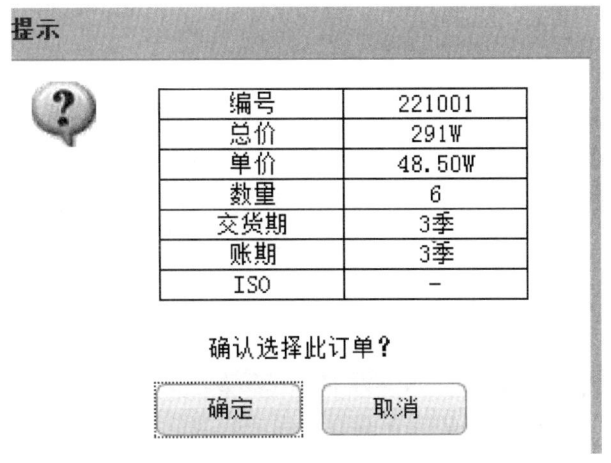

图 4-3　选单界面三

点"确认"，（注：出现确认框要在倒计时大于 5 秒时按下确认按钮，否则可能造成选单无效。）系统会提示成功获得订单，如图 4-4 所示：

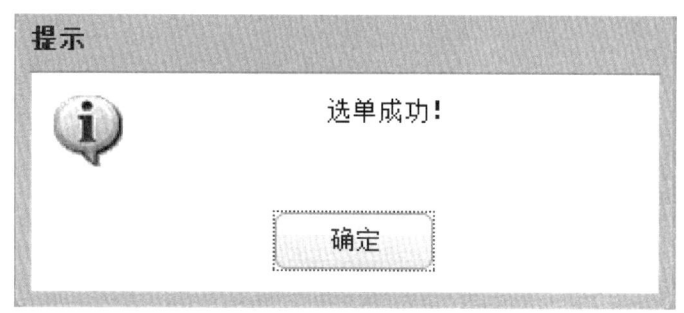

图 4-4 选单界面四

（6）订单种类。在规则中，订单种类可分为如下几类：第一类为普通订单，在规定交货期之前，均可交货，订单上的账期表示客户收货时货款的交付方式。例如：0 账期，表示采用现金付款；4 账期，表示客户付给企业的是 4 个季度的应收账款。

第二类为加急订单，第一季度必须交货，若不按期交货，会受到相应的处罚。

第三类为 ISO 9000 或 ISO 14000 订单，要求具有 ISO 9000 或 ISO 14000 资格。

（7）订单交货规则。必须按照订单规定的数量和时间整单交货。

（8）违约处罚规则。所有订单必须在规定的期限内，按订单上的产品数量完成交货，即加急订单必须在第一季度交货，普通订单必须在规定的期限内之前交货。如果订单没有完成，违约订单一律收回，且按违约订单销售总额的 20%（四舍五入）计算违约金，并在当年第四季度结束后扣除，违约金记入"损失"。

例：某组违约了以下两张订单，如图 4-5 所示：

订单编号	市场	产品	数量	总价	状态	得单年份	交货期	账期	ISO	交货期
180016	日本地	P2	2	146 W	违约	第2年	3季	0季	-	-
180011	日本地	P1	1	60 W	已交单	第2年	2季	1季	-	第2年1季
180006	日本地	P1	3	162 W	违约	第2年	3季	2季	-	-

图 4-5 违约订单

则缴纳的违约金分别为：$146 \times 20\% = 29.2W \approx 29W$；$162 \times 20\% = 32.4W \approx 32W$

合计为：$29 + 32 = 61W$

（9）竞单会。在用友新道商战规则中，在第 3 年和第 5 年订货会后，召开竞单会。系统一次同时放 3 张订单同时竞标，具体竞拍订单的信息将和市场预测图一起下发。参与竞标的订单标明了订单编号、市场、产品、数量、ISO 要求等，而总价、交货期、账期三项为空。

竞标订单的相关要求说明如下：

第一，投标资质。

参与投标的公司需要有相应市场、ISO 认证的资质，但不必有生产资格。

中标的公司需为该单支付 10W 标书费，计入广告费。

（如果已竞得单数 + 本次同时竞单数）×10 > 现金余额，则不能再竞单。即必须有一定现金库存作为保证金。如同时竞 3 张订单，扣除了 30W 标书费，还剩余 9W 库存现金，则不能继续参与竞单，因为如果再竞得 3 张，9W 库存现金不足支付标书费 30W。

为防止恶意竞单，对竞得单张数进行限制，如果"某队已竞得单张数 > ROUND（3 × 该年竞单总张数/参赛队数)",则不能继续竞单。

请注意：

- ROUND 表示四舍五入；
- 如上式为等于，可以继续参与竞单；
- 参赛队数指经营中的队伍，破产退出经营则不算其内。

如某年竞单，共有 40 张，20 队参与竞单，当一队已经得到 7 张单，因为 7 > ROUND（3 × 40/20），所以不能继续竞单；但如果已经竞得 6 张，可以继续参与。

第二，投标。

参与投标的公司须根据所投标的订单，在系统规定时间（90 秒，以倒计时形式显示）填写总价、交货期、账期三项内容，确认后由系统按照：

得分 = 100 +（5 − 交货期）× 2 + 应收账期 − 8 × 总价/（该产品直接成本 × 数量）

以得分最高者中标。如果计算分数相同，则先提交者中标。

请注意：

- 总价不能低于（可以等于）成本价，也不能高于（可以等于）成本价的 3 倍；
- 必须为竞单留足时间，如在倒计时小于等于 5 秒再提交，可能无效；
- 竞得订单与选中订单一样，计入市场销售额；

2. 操作说明（以用友 U8 手工版规则为例）

(1) 将广告费填写在"广告费竞单"中每个市场的相应产品栏内。

(2) 订单放单。

第一，按总需要量放单。如对某个产品总需要量为 6 张订单，市场有 7 张订单，则只放 6 张。

第二，按供应量放单。如果订单总数超过需求总数，则拿出全部订单。

第三，如果只有独家需求，那么全部放单。

(3) 产品竞单。

注意：在选择订单时，可以根据能力放弃选择订单的权利，当某一轮放弃了选单后，视为本轮退出本产品的选单，即在本轮中，不得再次选单。当一个组某次选定了订单后，在下一个选订单者选定了订单的情况下，不允许其更改已作的选择。

第五节　其他规则

一、综合费用和税金规则

1. 规则说明

(1) 管理费：每季度支付 10W。费用计入综合费用。

(2) 广告费：年初以现金支付，无现金时，可以在第一季度贴现应收账款后支付。费用计入综合费用。

（3）应交税金：年初以现金支付。这里仅指所得税费用。若企业亏损，则不需交税。

（4）产品研发费、市场开拓费、生产线转产费：发生季度支付现金。费用计入综合费用。

（5）设备维护费、ISO认证费、厂房租金：年末支付现金。费用计入综合费用。

（6）若现金断流或所有者权益为负，则认定企业破产。

2. 操作说明

在用友新道商战版中，所得税税率为25%。税金按四舍五入取整计算，在下一年初交纳。

二、破产规则

任一经营期内，当所有者权益小于零（资不抵债）和现金断流时为破产。破产后，企业仍可以继续经营，但必须严格按照产能争取订单（每次竞单前需要向裁判提交产能报告），严格按照明确的规定进行资金注入，破产的对抗参赛队伍不参加最后的成绩排名。

三、取整规则（均精确或四舍五入到个位整数）

违约金扣除——四舍五入；

库存拍卖所得现金——四舍五入；

贴现费用——向上取整；

扣税——四舍五入；

长短贷利息——四舍五入。

第五章

新道商战沙盘系统学生操作运营实录

第一节　　全年运营流程说明

一、年度运营总流程

新商战沙盘模拟运营企业共经营 6 个年度，每个年度分设 4 个季度运行。全年总体运营流程如图 5-1 所示：

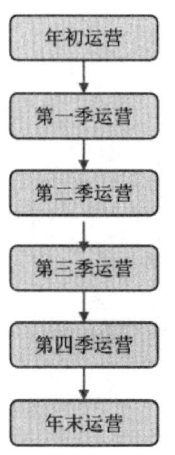

图 5-1　全年总体运营流程

二、年初运营流程

年初企业运营过程包括年度规划、投放广告、支付广告费、支付所得税、参加订货会、长期贷款。具体运营流程如图5-2所示：

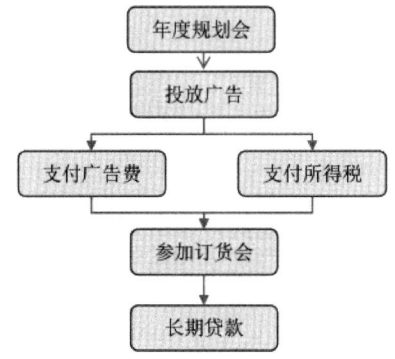

图5-2 年初运营流程

三、每季度运营流程

每季度运营流程如图5-3所示：

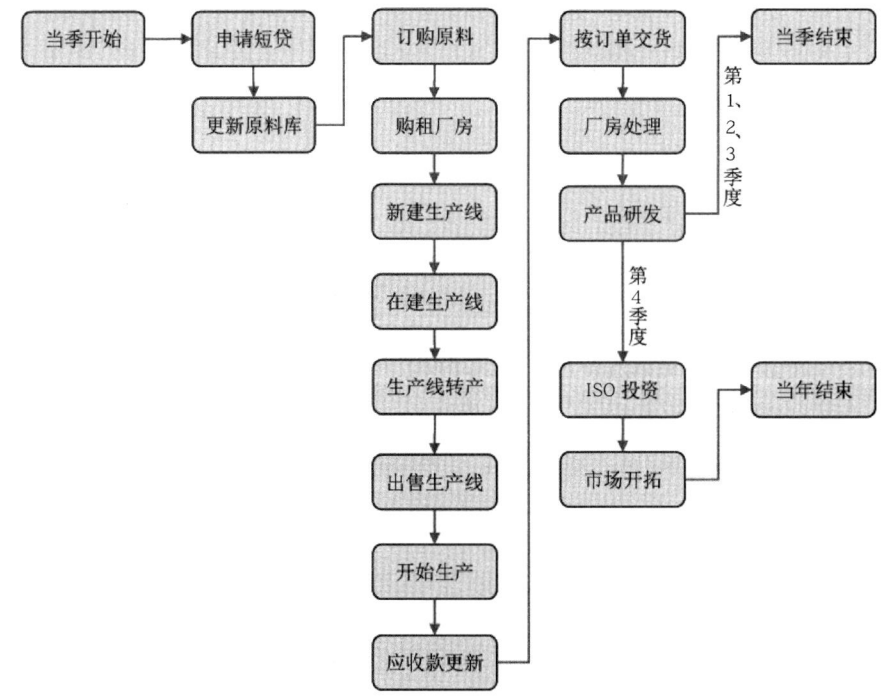

图5-3 每季度运营流程

四、年末操作流程

年末运营操作主要包含填写报表和投放广告，具体流程如图5-4所示：

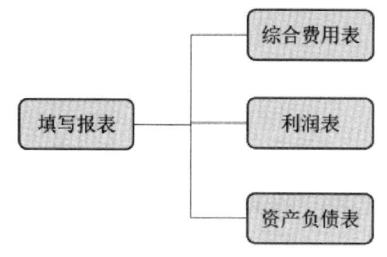

图 5-4　年末操作流程

五、流程外运营操作

除上述运营操作外，企业随时可进行以下运营操作，具体流程如图 5-5 所示：
（注：为保证企业按规则经营，系统限制了各组企业在参加竞单会过程中进行紧急采购和间谍操作。）

图 5-5　流程外运营操作

第二节　年初工作

在一年之初，企业应当谋划全年的经营，预测可能出现的问题和情况，分析可能面临的问题和困难，寻找解决问题的途径和办法，使企业未来的经营活动处于掌控之中。为此，企业首先应当召集各位业务主管召开新年度规划会议，初步制定企业本年度的投资规划，接着，营销总监参加一年一度的产品订货会，竞争本年度的销售订单；然后，根据销售订单情况，调整企业本年度的投资规划，制定本年度的工作计划，开始本年度的各项工作。年初工作包括：新年度规划会议、参加订货会、支付广告费、登记销售订单、制定新年度计划、支付应付税、申请长期贷款等工作。

一、年度规划会议

年度规划会议是在每运营年度开始时召开，在软件中无需操作。年度规划会议一般由团队的 CEO 主持召开，会同团队中的采购、生产、销售等负责人一起进行全年的市场预测分析、广告投放、订单选取、产能扩张、产能安排、材料订购、订单交货、产品研发、市场开拓、筹资管理和现金控制等方面的分析和决策规划，最终完成全年运营的财务预算。

1. 新年度全面规划

在进行规划时，企业首先应当对市场进行准确的预测，包括预测各个市场产品的需求状况和价格水平，预测竞争对手可能的目标市场和产能情况，预测各个竞争对手在新的一年的资金状况（资金的丰裕和不足将极大地影响企业的投资和生产），在此基础上，各业务主管提出新年度规划的初步设想，大家就此进行论证，最后，在权衡各方利弊得失后，做出企业新年度的初步规划。企业在进行新年度规划时，可以从以下几个方面展开：

（1）市场开拓规划。企业只有开拓了市场才能在该市场销售产品。企业拥有的市场决定了企业产品的销售渠道。开拓市场投入资金会导致企业当期现金的流出，增加企业当期的开拓费用，减少当期的利润。所以，企业在制定市场开拓规划时，应当考虑当期的资金情况和所有者权益情况。只有在资金有保证，减少的利润不会对企业造成严重后果（比如，由于开拓市场增加费用而减少的利润使企业所有者权益为负数）时才能进行。在进行市场开拓规划时，企业主要应当明确以下几个问题：

- 企业的销售策略是什么？企业可能会考虑哪个市场产品价格高就进入哪个市场，也可能是哪个市场需求大就进入哪个市场，也可能两个因素都会考虑。企业应当根据销售策略，明确需要开拓什么市场，开拓几个市场？
- 企业的目标市场是什么？企业应当根据销售策略和各个市场产品的需求状况、价格水平、竞争对手的情况等，来明确企业的目标市场。
- 什么时候开拓目标市场？在明确了企业的目标市场后，还涉及什么时候进入目标市场的问题，企业应当结合资金状况和产品生产情况明确企业目标市场的开拓时间。

（2）ISO 认证开发规划。企业只有取得 ISO 认证资格，才能在竞单时取得标有 ISO 条件的订单。不同的市场、不同的产品及不同的时期，对 ISO 认证的要求是不同的，不是所有的市场在任何时候对任何产品都有 ISO 认证要求。所以，企业应当对是否进行 ISO 认证开发进行决策。同样，要进行 ISO 认证，需要投入资金。如果企业决定进行 ISO 认证开发，也应当考虑对资金和所有者权益的影响。由于 ISO 认证开发是分期投入的，为此，在进行开发规划时，应当考虑以下几个问题：

- 开发何种认证？ISO 认证包括 ISO 9000 认证和 ISO 14000 认证。企业可以只开发其中的一种或者两者都开发。到底开发哪种，取决于企业的目标市场对 ISO 认证的要求，取决于企业的资金状况。
- 什么时候开发？认证开发可以配合市场对认证要求的时间来进行。企业可以从有关市场预测的资料中了解市场对认证的要求情况。一般而言，时间越靠后，市场对认证的要求会越高。企业如果决定进行认证开发，在资金和所有者权益许可的情况下，可以适当提前开发。

（3）产品研发投资规划。企业在经营前期，产品品种单一，销售收入增长缓慢。企业如果要增加收入，就必须多销售产品。而要多销售产品，除了销售市场要足够多之外，还必须要有多样化的产品，因为每个市场对单一产品的需求总是有限的。为此，企业需要做出是否进行新产品研发的决策。企业如果要进行新产品的研发，就需要投入资金，同样会影响当期现金流量和所有者权益。所以，企业在进行产品研发投资规划时，应当注意以下几个问题：

- 企业的产品策略是什么？由于企业可以研发的产品品种多样，企业需要做出研发哪几种产品的决策。由于资金、产能的原因，企业一般不同时研发所有的产品，而是根据市场的需求和竞争对手的情况，选择其中的一种或两种进行研发。

· 企业从什么时候开始研发哪些产品？企业决定要研发产品的品种后，需要考虑的就是什么时候开始研发以及研发什么产品的问题。不同的产品可以同时研发，也可以分别研发。企业可以根据市场、资金、产能、竞争对手的情况等方面来确定。

（4）设备投资规划。企业生产设备的数量和质量影响产品的生产能力。企业要提高生产能力，就必须对落后的生产设备进行更新，补充现代化的生产设备。要更新设备，需要用现金支付设备款，支付的设备款记入当期的在建工程，设备安装完成后，增加固定资产。所以，设备投资支付的现金不影响当期的所有者权益，但会影响当期的现金流量。正是因为设备投资会影响现金流量，所以，在设备投资时，应当重点考虑资金的问题，防止出现由于资金问题而使投资中断，或者投资完成后由于没有资金不得不停工待料等情况。企业在进行设备投资规划时，应当考虑以下几个问题：

· 新的一年，企业是否要进行设备投资？应当说，每个企业都希望扩大产能、扩充新生产线、改造落后的生产线，但是，要扩充或更新生产线涉及时机的问题。一般而言，企业如果资金充裕，未来市场容量大，企业就应当考虑进行设备投资，扩大产能。反之，就应当暂缓或不进行设备投资。

· 扩建或更新什么生产线？由于生产线有手工、半自动、全自动和柔性四种，这就涉及该选择什么生产线的问题。一般情况下，企业应当根据资金状况和生产线是否需要转产等做出决策。

· 扩建或更新几条生产线？如果企业决定扩建或更新生产线，还涉及具体的数量问题。扩建或更新生产线的数量，一般根据企业的资金状况、厂房内生产线位置的空置数量、新研发产品的完工时间等来确定。

· 什么时候扩建或更新生产线？如果不考虑其他因素，应该说生产线可以在流程规定的每个季度进行扩建或更新，但在实际运作时，企业不得不考虑当时的资金状况、生产线完工后上线的产品品种、新产品研发完工的时间等因素。一般而言，如果企业有新产品研发，生产线建成的时间最好与其一致（柔性和手工线除外），这样可以减少转产和空置的时间。从折旧的角度看，生产线的完工时间最好在某年的第一季度，这样可以相对减少折旧费用。

2. 确定可接订单的数量

在新年度规划会议以后，企业要参加一年一度的产品订货会。企业只有参加产品订货会，才能争取到当年的产品销售订单。在产品订货会上，企业要准确拿单，就必须准确计算出当年的产品完工数量，据此确定企业当年甚至每一个季度的可接订单数量。企业某年某产品可接订单数量的计算公式为：

某年某产品可接订单数量＝年初该产品的库存量＋本年该产品的完工数量

公式中，年初产品的库存量可以从沙盘盘面的仓库中找到，也可以从营销总监的营运记录单中找到（实际工作中从有关账簿中找到）。这里，最关键的是确定本年产品的完工数量。

完工产品数量是生产部门通过排产来确定的。在沙盘企业中，生产总监根据企业现有生产线的生产能力，结合企业当期的资金状况确定产品上线时间，再根据产品的生产周期推算产品的下线时间，从而确定出每个季度、每条生产线产品的完工情况。为了准确测算产品的完工时间和数量，沙盘企业可以通过编制"产品生产计划表"来进行。当然，企业也可以根据产品上线情况同时确定原材料的需求数量，这样，两者结合，既可确定产品的完工时间和完工数量,同时又可以确定每个季度原材料的需求量。这里,我们将这两者结合的表格称为"产品生产及材料需求计划表"。下面,我们举例介绍该表的编制方法。

【例 5-1】 企业某年年初有空置全自动生产线一条,预计从第一季度开始在全自动生产线上投产 P2 产品(假设产品均已开发完成,可以上线生产;原材料能满足生产需要)。我们可以根据各生产线的生产周期编制产品生产及材料需求计划,见表 5-1。

表 5-1　　　　　　　　　　　　产品生产及材料需求计划表

生产线			第 1 年				第 2 年			
			一季度	二季度	三季度	四季度	一季度	二季度	三季度	四季度
全自动	产品		→	P2 →	P2 →	P2 →	P2 →	P2 →	P2 →	P2
	材料		1R2+1R3	1R2+1R3	1R2+1R3	1R2+1R3	1R2+1R3	1R2+1R3	1R2+1R3	1R2+1R3
		P2		1	1	1	1	1	1	1
		P3								
		P4								
	投入材料	R1								
		R2	1	1	1	1	1	1	1	1
		R3	1	1	1	1	1	1	1	1
		R4								

从上表可以看出,企业从第一季度开始连续投产加工产品,第一年第一季度没有完工产品,第二季度完工 1 个 P2 产品,在第三季度完工 1 个 P2 产品,第四季度完工 1 个 P2 产品。同时,我们还可以看出企业在每个季度原材料的需求数量。根据该表提供的信息,营销总监可以据此确定可接订单数量,采购总监可以据此作为企业材料采购的依据。

需要注意的是,在编制"产品生产及材料需求计划表"时,企业首先应明确产品在各条生产线上的投产时间,然后根据各生产线的生产周期推算每条生产线投产产品的完工时间,最后,将各条生产线完工产品的数量加总,得出企业在某一时期每种产品的完工数量。同样,在该表中,企业根据产品的投产数量可以推算出各种产品投产时需要投入的原材料数量,然后,将各条生产线上需要的原材料数量加总,可以得到企业在每个季度所需要的原材料数量。采购总监可以根据该信息确定企业需要采购什么、什么时间采购、采购多少等。

二、支付广告费、参加订货会、登记销售订单

1. 支付广告费

销售产品必须要有销售渠道。对于沙盘企业而言,销售产品的唯一途径就是参加产品订货会,争取销售订单。参加产品订货会需要在目标市场投放广告费,只有投放了广告费,企业才有资格在该市场争取订单。

在参加订货会之前,企业需要分市场、分产品在"竞单表"上登记投放的广告费金额。"竞单表"是企业争取订单的唯一依据,也是企业当期支付广告费的依据,应当采取科学的态度,认真对待。

一般情况下,营销总监代表企业参加订货会,争取销售订单。但为了从容应对竞单过程中可能出现的各种复杂情况,企业也可由营销总监与 CEO 或采购总监一起参加订货会。竞

单时，应当根据企业的可接订单数量选择订单，尽可能按企业的产能争取订单，使企业生产的产品在当年全部销售。应当注意的是，企业争取的订单一定不能突破企业的最大产能，否则，如果不能按期交单，将给企业带来巨大的损失。

实际工作中，广告费一般是在广告呈现给观众或听众之前支付的。沙盘企业中，广告费一般在参加订货会后一次性支付。所以，企业在投放广告时，应当充分考虑企业的支付能力。也就是说，投放的广告费一般不能突破企业年初现金库中的现金余额。

支付广告费时，由财务总监从现金库中取出"竞单表"中登记的广告费数额，放在综合费用的"广告费"中，并在运营任务清单对应的方格内记录支付的现金数（用"－"表示现金支出，下同）。

操作方法如下：

点击"当年结束"，系统时间切换到下一年年初，需要投放广告，点击主页面下方操作区中菜单"投放广告"，弹出"投放广告"对话框（图5-6），录入各市场广告费，点击确认即可。确认投放后系统会自动扣除所投放的广告费和上年应交的所得税。

图 5-6　投放广告

注意：

（1）没有获得任何市场准入证时不能投放广告。

（2）不需要对 ISO 单独投放广告。

（3）在投放广告窗口中，市场名称为红色表示尚未开发完成，不可投广告。

（4）产品资格未开发完成前可以投放广告。

（5）完成所有市场产品投放后，确认支付后不能返回更改。

（6）投放广告确认后，长贷本息及税金同时被自动扣除（其中长贷利息是所有长贷加总后乘以利率再四舍五入）。

（7）在一个回合中，每投放最小得单广告费（10W），将获得一次选单机会，此后每增加最小得单广告费的2倍即20W，多一次选单机会，但能否行使这次机会取决于市场需求，竞争态势。若投小于最小得单广告费则无选单机会，但仍扣广告费，对计算市场广告额有效，广告投放可以是非10的倍数，如11W、12W，且投12W比投11W或10W优先选单。

摆盘：

（1）将标有相应金额的卡片置于盘面广告费，税金，利息处（长贷利息）。

（2）将长贷账期处的卡片向现金方向移动一格，检查是否有到期需要归还的贷款。

2. 参加订货会

操作方法：

点击主页面下方操作区中菜单"参加订货会",弹出"订货会就绪"对话框(图 5-7)或"参加订货会"对话框(图 5-8)。当其他企业存在未完成投放广告操作时,当前组显示如图 5-7 所示,当所有企业均已经完成广告投放,且教师/裁判已经启动订货会时,系统会显示,如图 5-8 所示。

图 5-7 订货会就绪

图 5-8 参加订货会

说明:

(1)系统会提示正在进行选单的市场(显示为红色)、选单用户和剩余选单时间,企业选单时特别要关注上述信息。

(2)对话框左边显示某市场的选单顺序,右边显示该市场的订单列表。未轮到当前用户选单时,右边操作一列无法点击。当轮到当前用户选单时,操作显示"选中"按钮,点击选中,成功选单。当选单倒计时结束后用户无法选单。

(3)选单时要特别注意有两个市场在同时进行选单的情况,此时很容易漏选市场订单。

(4)全部市场选单结束后,订货会结束。

(5)系统自动依据设定的规则确定选单顺序:有市场老大的规则,市场老大优先,若无,则按本回合广告额投放大小顺序依次选单,如果本回合广告额投放相同,那么看本市场广告投放总额，如果本回合本市场广告投放总额相同，那么看上年本市场销售排名，如仍无法决定，先投广告者先选单。第一年无订单。

（6）每回合选单可能有若干轮，每轮选单中，各队按照排定的顺序，依次选单，但只能选一张订单。当所有队都选完一轮后，若再有订单，有两次选单机会的各队进行第二轮选单。依次类推，直到所有订单被选完或所有队退出选单为止，本回合结束。

（7）当轮到某一公司选单的，系统以倒计时的形式，给出本次选单的剩余时间，每次选单的时间上限为系统设置的选单时间，即规定的时间内必须做出选择（选定或放弃），否则系统自动视为放弃选择订单。无论是主动放弃还是超时由系统放弃，都将视为放弃本回合的所有选单。

（8）放弃某回合中的一次机会，视同放弃本回合中的所有机会，但不影响以后回合中的所有机会，且仍可观看其他队选单。

（9）选单权限由系统自动传递。

（10）系统自动判定是否有 ISO 资格。

（11）选单时可以根据订单各要素（总价、单价、交货期、账期等）进行排序，辅助选单。

3. 登记销售订单

为了准确掌握销售情况，科学制定本年度工作计划，企业应将参加订货会争取的销售订单进行登记。拿回订单后，财务总监和营销总监分别在任务清单的"订单登记表"中逐一对订单进行登记。为了将已经销售和尚未销售的订单进行区分，营销总监在登记订单时，只登记订单号、销售数量、账期，暂时不登记销售额、成本和毛利，当产品销售时，再进行登记。

三、制定新年度计划

企业参加订货会取得销售订单后，已经明确了当年的销售任务。企业应当根据销售订单对前期制定的新年度规划进行调整，制定新年度工作计划。新年度工作计划是企业在新的一年为了开展各项经营活动而事先进行的工作安排，它是企业执行各项任务的基本依据。新年度工作计划一般包括投资计划、生产计划、销售计划、采购计划、资金筹集计划等。沙盘企业中，当企业取得销售订单后，企业的销售任务基本明确，已经不需要制定销售计划了。这样，企业的新年度计划主要围绕生产计划、采购计划和资金筹集计划来进行。

为了使新年度计划更具有针对性和科学性，计划一般是围绕预算来制定的。预算可以将企业的经营目标分解为一系列具体的经济指标，使生产经营目标进一步具体化，并落实到企业的各个部门，这样企业的全体员工就有了共同努力的方向。沙盘企业中，通过编制预算，特别是现金预算，可以在企业经营之前预见经营过程中可能出现的现金短缺或盈余，便于企业安排资金的筹集和使用；同时，通过预算，可以对企业的规划及时进行调整，防止出现由于资金断流而破产的情况。

现金预算，首先需要预计现金收入和现金支出。实际工作中，现金收入和支出只能进行合理地预计，很难进行准确地测算。沙盘企业中，现金收入相对比较单一，主要是销售产品收到的现金，可以根据企业的销售订单和预计交单时间准确地估算。现金支出主要包括投资支出、生产支出、采购材料支出、综合费用支出和日常管理费用支出等。这些支出可以进一步分为固定支出和变动支出两部分。固定支出主要是投资支出、综合费用支出、管理费用支出等，企业可以根据规则和企业的规划准确计算。变动支出是随产品生产数量的变化而变化的支出，主要是生产支出和材料采购支出。企业可以根据当年的生产线和销售订单情况安排生产，在此基础上通过编制"产品生产与材料需求计划"，准确地测算出每个季度投产所需要的加工费。同时，根据材料需求计划确定材料采购计划，准确确定企业在每个季度采购材料所需要的采购费用。这样，通过预计现金收入和现金支出，可以比较准确地预计企业现金的短缺或盈余。如果现金短缺，就应当想办法筹集资金，如果不能筹集资金，就必须调整规划或计划，减少现金支出。反之，如果现金有较多盈余，可以调整规划或计划，增加长期资产的投资，增强企业的后续发展实力。

实际工作中，企业要准确编制预算，首先应预计预算期产品的销售量，在此基础上编制销售预算，预计现金收入。之后，编制生产预算和费用预算，预计预算期的现金支出，最后编制现金预算。沙盘企业中，预算编制的程序与实际工作基本相同，但由于业务简化，可以采用简化的程序，即根据销售订单，先编制产品生产计划，再编制材料采购计划，最后编制现金预算。

1. 生产计划

沙盘企业中，编制生产计划的主要目的是为了确定产品投产的时间和投产的品种（当然也可以预计产品完工的时间），从而预计产品投产需要的加工费和原材料。生产计划主要包括产品生产及材料需求计划、开工计划、原材料需求计划等。

前面我们已经介绍，企业在参加订货会之前，为了准确计算新年产品的完工数量，已经根据自己的生产线情况编制了"产品生产及材料需求计划"。但是，由于取得的销售订单可能与预计有差异，企业有时需要根据取得的销售订单对产品生产计划进行调整，为此，就需要重新编制该计划。然后，企业根据确定的"产品生产及材料需求计划"，编制"开工计划"和"材料需求计划"。

"开工计划"是生产总监根据"产品生产及材料需求计划"编制的，它将各条生产线产品投产数量按产品加总，将分散的信息集中在一起，可以直观看出企业在每个季度投产了哪些产品、分别有多少。同时，根据产品的投产数量，能准确确定出每个季度投产产品所需要的加工费。财务总监根据该计划提供的加工费信息，作为编制现金预算的依据之一。根据【例 5-1】，企业编制的"开工计划"，见表 5-2。

表 5-2　　　　　　　　　　　　　　开工计划

产　品	第一季度	第二季度	第三季度	第四季度
P1				
P2	1	1	1	1
P3				
P4				
人工费（W）	10	10	10	10

生产产品必须要有原材料，没有原材料，企业就无法进行产品生产。企业要保证材料的供应，就必须事先知道企业在什么时候需要什么材料、需要多少。企业可以根据"产品生产及材料需求计划"编制"材料需求计划"，确定企业在每个季度所需要的材料。"材料需

求计划"可以直观反映企业在某一季度所需要的原材料数量,采购总监可以据此订购所需要的原材料,保证原材料的供应。根据【例 5-1】,企业的"材料需求计划",见表 5-3。

表 5-3　　　　　　　　　　　　　　材料需求计划

产品	第一季度	第二季度	第三季度	第四季度	合　计
R1					
R2	1	1	1	1	4
R3	1	1	1	1	4
R4					

2. 材料采购计划

企业要保证材料的供应,必须提前订购材料。实际工作中,采购材料可能是现款采购,也可能是赊购。沙盘企业中,一般采用的是现款采购的规则。也就是说,订购的材料到达企业时,必须支付现金。

材料采购计划相当于实际工作中企业编制的"直接材料预算",它是以生产需求计划为基础编制的。在编制材料采购计划时,主要应当注意三个问题:

第一,订购的数量。订购材料的目的是为了保证生产的需要,如果订购过多,占用了资金,造成资金使用效率的下降;订购过少,不能满足生产的需要。所以,材料的订购数量应当以既能满足生产需要,又不造成资金的积压为原则,尽可能做到材料零库存。为此,应当根据原材料的需要量和原材料的库存数量来确定企业材料的订购数量。

第二,订购的时间。一般情况下,企业订购的材料当季度不能入库,要在下一个季度或下两个季度才能到达企业,为此,企业在订购材料时,应当考虑材料运输途中的时间,即材料提前订货期。

第三,采购材料付款的时间和金额。采购的材料一般在入库时付款,付款的金额就是材料入库应支付的金额,如果订购了材料,就必须按期购买。当期订购的材料不需要支付现金。

企业编制材料采购计划,可以明确企业订购材料的时间,采购总监可以根据该计划订购材料,防止多订、少订、漏订材料,保证生产的需要。同时,财务总监根据该计划可以了解企业采购材料的资金需要情况,及时纳入现金预算,保证资金的供应。根据【例 5-1】,采购总监编制材料采购计划,见表 5-4。

表 5-4　　　　　　　　　　　　　　材料采购计划

材　料	上年第四季度		第一季度		第二季度		第三季度		第四季度	
	订购	入库	订购	入库	订购	入库	订购	入库	订购	入库
R1										
R2	1	1	1	1	1	1	1	1	1	1
R3	1	1	1	1	1	1	1	1	1	1
R4										
材料款(W)		20	–	20	–	20	–	20	–	20

3. 现金预算

企业在经营过程中,常常出现现金短缺的"意外"情况,正常经营不得不中断,搞得经营者焦头烂额。其实，仔细分析我们会发现，这种"意外"情况的发生不外乎两方面的原因：第一，企业没有正确编制预算，导致预算与实际严重脱节；第二，企业没有严格按计划进行经营，导致实际严重脱离预算。为了合理安排和筹集资金，企业在经营之前应当根据新年度计划编制现金预算。

现金预算是有关预算的汇总，由现金收入、现金支出、现金多余或不足、资金的筹集和运用四个部分组成。现金收入部分包括期初现金余额和预算期现金收入两部分构成。现金支出部分包括预算的各项现金支出。现金多余或不足是现金收入合计与现金支出合计的差额。差额为正，说明收入大于支出，现金有多余，可用于偿还借款或用于投资；差额为负，说明支出大于收入，现金不足，需要筹集资金或调整规划或计划，减少现金支出。资金的筹集和运用部分是当企业现金不足或富裕时，筹集或使用的资金。

沙盘企业中，企业取得销售订单后，现金收入基本确定。当企业当年的投资和生产计划确定后，企业的现金支出也基本确定，所以，企业应该能够通过编制现金预算准确预计企业经营期的现金多余或不足，可以有效预防"意外"情况的发生。如果企业通过编制现金预算发现资金短缺，而且通过筹资仍不能解决，则应当修订企业当年的投资和经营计划，最终使企业的资金满足需要。

"现金预算表"的格式有多种，可以根据实际需要自己设计。表 5-5 是某企业编制的现金预算表。

表 5-5　　　　　　　　　　　　　现金预算表　　　　　　　　　　　　　单位：W

	第一季度	第二季度	第三季度	第四季度
期初库存现金	180	130	140	40
支付上年应交税				
市场广告投入	80			
贴现费用				
利息（短期贷款）				
支付到期短期贷款				
原料采购支付现金	50	20	40	30
转产费用				
生产线投资			80	80
支付产品加工费	30	10	20	20
收到现金前的所有支出	160	30	140	130
应收款到期收到现金	150	80	80	180
产品研发投资	30	30	30	30
支付管理费用	10	10	10	10
利息（长期贷款）				
支付到期长期贷款				
设备维护费用				
租金				
购买新建筑				
市场开拓投资				
ISO 认证投资				
其他				
库存现金余额	130	140	40	150

从上面编制的现金预算表可以看出，企业在第一、二、三季度收到现金前的支付都小于或等于期初的现金，而且期末现金都大于零，说明现金能满足需要。第三季度末，企业现金余额为 40W，也就是说，第四季度期初库存现金为 40W，但是，第四季度在收到现金前的现金支出为 130W，小于可使用的资金，这样，企业必须在第三或第四季度初筹集资金。因为企业可以在每季度初借入短期借款，所以，企业应当在第四季度初贷入 200W 的短期贷款。

四、支付应付税

依法纳税是每个公民应尽的义务。企业在年初应支付上年应交的税金。企业按照上年资产负债表中"应交税金"项目的数值交纳税金。交纳税金时，财务总监从现金库中拿出相应现金放在沙盘"综合费用"的"税金"处，并在运营任务清单对应的方格内记录现金的减少数。

注意：沙盘模拟企业经营中，只有盈利企业才需要交税，交税部分是企业盈利弥补以前亏损金额之后，多余部分再据规则计算税金。

五、申请长期贷款

1. 操作方法

点击主页面下方操作区中菜单"申请长贷"，弹出"申请长贷"对话框（图 5-9）。弹出框中显示本企业当前时间可以贷款的最大额度，点击"需贷款年限"下拉框，选择贷款年限，在"需贷款额"录入框内输入贷款金额，点击确认，即申请长贷成功。

图 5-9 申请长贷对话框

2. 说明

（1）订货会结束后直接操作，一年只能操作一次，此操作必须在"当季开始"之前，但可以申请不同年份的若干笔，确认后不可更改。

（2）贷款年限，系统预设有 1 年、2 年、3 年、4 年和 5 年。

（3）最大贷款额度系统设定为上年末企业所有者权益的 N 倍，N 具体为多少，由教师/裁判在参数设置中设定。

（4）需贷款额由企业在年度规划会议中根据企业运营规划确定，但不得超过最大贷款额度，贷款额为不小于 10 的整数。

（5）长期贷款为分期付息，到期一次还本。年利率由教师/裁判在参数设置中设定。

3. 举例

若长期贷款年利率设定为10%，贷款额度设定为上年末所有者权益的3倍，企业上年末所有者权益总额为80W，则本年度贷款上限为240W（=80×3），假定企业之前没有贷款，则本次贷款最大额度为本年度贷款上限，即为240W。若企业之前已经存在100W的贷款，则本次贷款最大额度为本年度贷款上限减去已贷金额，即为140W。

若企业第1年初贷入了100W，期限5年，则系统会在第2、3、4、5、6年年初每年自动扣除长贷利息10W（=100×10%），并在第6年年初自动偿还贷款本金100W。

第三节 日常按季度执行的工作

企业制定新年度计划后，企业就可以按照运营规则和工作计划进行经营。沙盘企业日常运营应当按照一定的流程来进行，这个流程就是任务清单。每季经营开始及结束需要确认——当季开始、当季(年)结束（第四季显示为当年结束）。请注意操作权限，亮色按钮为可操作权限，若破产则无法继续经营，自动退出系统，可联系裁判。现金不够请紧急融资（出售库存、贴现、厂房贴现），更新原料库和更新应收款为每季必走流程，且这两步操作后，前面的操作权限将关闭，后面的操作权限将打开。

为了对沙盘企业的日常运营有一个详细的了解，这里，我们按照任务清单的顺序，对日常运营过程中的操作要点进行介绍。

一、当季开始

1. 操作方法

点击"当季开始"按钮，系统会弹出"当季开始"对话框（图5-10），该操作完成后才能进入季度内的各项操作。

图5-10 当季开始

2. 说明

选单结束或长贷后可以当季开始，当季开始操作时，系统会自动完成短期贷款的更新，偿还短期借款本息，检测更新生产/完工入库情况（若已完工，则完工产品会自动进入产品库，可通过查询库存信息了解入库情况）、检测生产线完工/转产完工情况。

3. 摆盘

（1）核对现金是否准确。

（2）所有短贷向现金方向移动一格，归还到期短贷本息——将标有短贷利息金额的卡片置于财务中心利息处，同时减少相当于归还短贷本息之和的现金。

（3）生产总监将各生产线上的在制品推进一格（从小数目方格推到大数目方格）。产品下线表示产品完工，将产品放置于相应的产品库中。

（4）生产线安装完成后，盘面上必须将投资额放在净值处，以证明生产线安装完成，并将生产线标志翻转过来。

（5）转产完成后，将转产费置于财务中心转产费处。

二、申请短贷

1. 操作方法

点击主页面下方操作区中菜单"申请短贷"，弹出"申请短贷"对话框（图5-11）。在"需贷款额"处输入金额，点击确认即短贷成功。

图 5-11　申请短贷

2. 说明

短贷期限默认为1年，到期一次还本付息，贷款利率由教师/裁判在参数设置中设定，短贷一季只能操作一次，申请时不得超过"申请短贷"对话框中的"最大贷款额度"即长短贷总额（已贷＋欲贷）不可超过上年权益规定的倍数（为参数，默认为3倍），申请额为不小于10的整数。

3. 举例

假定企业短期贷款年利率为5%，则企业若在第1年第一季度贷入20W，那么，企业需在第2年第一季度偿还该笔短贷的本金20W 和利息 $1W = 20 \times 5\%$。

4. 摆盘

增加现金，同时将标有贷款额的卡片置于短贷 Q4 处。

三、更新原料库

1. 操作方法

点击主页面下方操作区中菜单"更新原料库"，弹出"更新原料"对话框（图5-12），提示当前应入库原料需支付的现金。确认金额无误后，点击确认，系统扣除现金并增加原料库存。

图5-12 更新原料

2. 说明

（1）企业经营沙盘运营中，原材料一般分为 R1、R2、R3、R4 四种，它们的采购价由系统设定，一般每1个原材料价格均为10W。其中 R1、R2 原材料是在订购1个季度后支付，R3、R4 原材料是在订购2个季度后支付。

（2）系统自动提示需要支付的现金（不可更改），系统自动扣减现金。

（3）一季只能操作一次，执行"确认支付"即可，即使支付现金为0 也必须执行。

（4）确认后，后续的操作权限方可开启（"下原料订单"到"更新应收款"），前面操作权限关闭。

3. 举例

假定每种原材料每个采购价均为10W，若某企业在第一季度订购了 R1、R2、R3、R4 各1个，第二季度又订购了 R1、R2、R3、R4 各2个，则第二季度更新原料操作时，需支付的材料采购款为20W（系第一季度订购的 R1 和 R2 材料款），第三季度更新原料操作时，需支付的材料采购款为60W（系第一季度订购的 R3、R4 材料款和第二季度订购的 R1、R2 材料款）。分析过程如图5-13 所示：

4. 摆盘

原料订单向库存方向移动一格，入库订单付款购买，减少现金，原料入库。

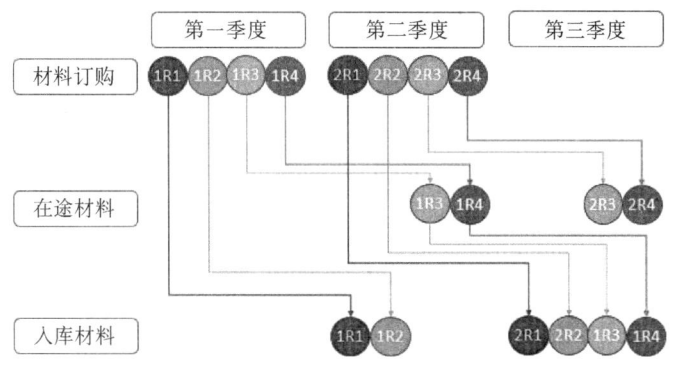

图 5 – 13　原材料分析过程

四、订购原料

1. 操作方法

点击主页面下方操作区中菜单"订购原料",弹出"订购原料"对话框(图 5 – 14),显示原料名称、价格以及运货周期信息,在数量一列输入需订购的原料量值,点击确认即可。

图 5 – 14　订购原料

2. 说明

(1) 企业原材料订购数量由后期生产需要来决定,订购多了会造成现金占用,订购少了则不能满足生产需要,会造成生产线停产,甚至不能按期完成产品交货,导致产品订单违约。

(2) 一季只能操作一次,只需要在系统中输入所有需要的原料数量,然后单击"确认订购"按钮即可,确认订购后不可退订,但可以不下订单。

3. 举例

若企业第二季度需要领用 5R1、4R2,第三季度需要领用 3R1、4R2、5R3、4R4,第四季度需要领用 4R1、6R2、4R3、5R4,则企业第一季度需要订购的原材料即为 5R1、4R2、第二季度需订购的原材料为 3R1、4R2、4R3、5R4。分析过程如图 5-15 所示：

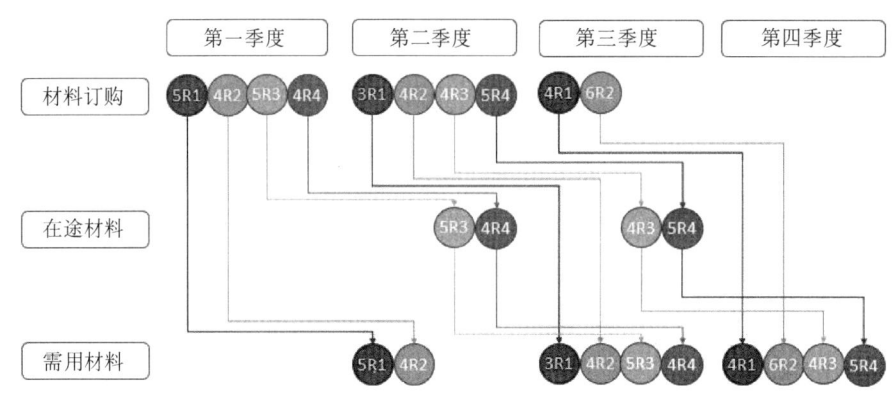

图 5-15　原材料分析过程

4. 摆盘

原料卡片置于相应原料订单处，并标明数量。

五、购租厂房

1. 操作方法

点击主页面下方操作区中菜单"购租厂房"，弹出"购租厂房"对话框（图 5-16），点击下拉框选择厂房类型，下拉框中提示每种厂房的购买价格、租用价格等。选择订购方式，买或租，点击确认即可。

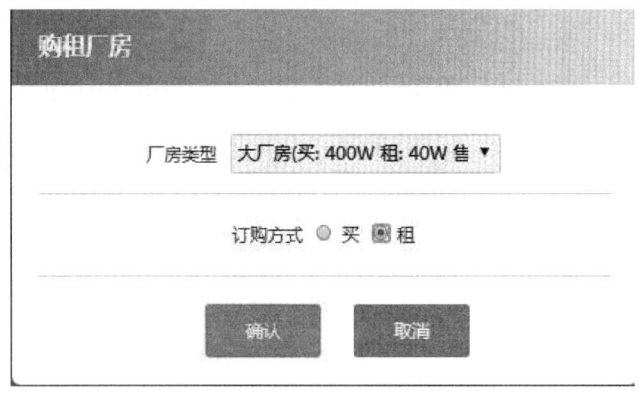

图 5-16　购租厂房

2. 说明

（1）厂房类型根据需要选择大厂房、中厂房或小厂房，订购方式可以根据需要选择买或租。

（2）厂房每季均可购入或租入，最多只可使用 4 个厂房，4 个厂房可以任意组合，如租三买一或租一买三，生产线不可在不同厂房间移位。

（3）若选择购买，则需一次性支付购买价款，无后续费用；若选择租入，则需每年支付租金，租金支付时间为租入当时对应季度的季末。

3. 举例

若企业在第 1 年第二季度选择购入 1 个大厂房，则系统会在购入时一次性扣除相应的购买价款,以后不再产生相关扣款。

若企业在第 1 年第二季度选择租入 1 个大厂房,则需在第 1 年第二季度租入时支付第 1 年租金,以后每年的租金由系统自动在第二季度末支付。

4. 摆盘

厂房置于厂房区,将标有买价金额的卡片置于"￥"处表示买,若租则将标有租金金额的卡片置于厂房"￥"处以及财务中心费用区租金处。

六、新建生产线

1. 操作方法

点击主页面下方操作区中菜单"新建生产线",弹出"新建生产线"对话框(图 5 - 17)。选择放置生产线的厂房,点击"类型"下拉框,选择要新建的生产线类型,下拉框中有生产线购买的价格信息,选择新建的生产线计划生产的产品类型,点击确认即可。

提醒:新建多条生产线时,无需退出该界面,可重复操作。

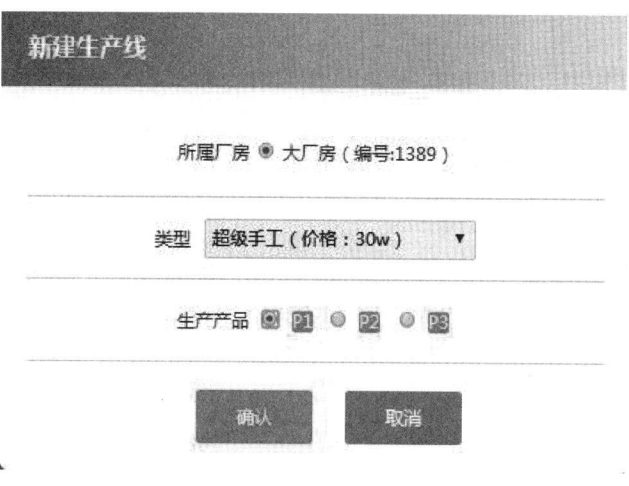

图 5 - 17 新建生产线

2. 说明

(1)生产线一般包括手工线、半自动线、自动线和柔性线等,各种生产线的购买价格、折旧、残值、生产周期、转产周期、建造周期详见规则说明。

(2)投资生产线一季只可操作一次,系统自动列出投资未完成的生产线,复选需要继续投资的生产线,也可以不选,不选表示本季中断投资,也可以在中断投资之后的任何季度继续投资。

3. 举例

若规则规定:手工线买价 35W、建造期 0Q,半自动线买价 100W、建造期 2Q,自动线买价 150W、建造期 3Q,柔性线买价 200W、建造期 4Q。

企业如果在第 1 年第一季度同时建造上述生产线,则第一季度新建生产线时需支付 185W(手工线 35W、半自动线 50W、自动线 50W、柔性线 50W),第二季度在建生产线时需支付 150W(半自动线 50W、自动线 50W、柔性线 50W),第三季度在建生产线时需支付 100W(自动线 50W、柔性线 50W),第四季度在建生产时需支付 50W(柔性线 50W)。建造过程见表 5-6：

表 5-6　　　　　　　　　　　　生产线建造过程

	第1年 第一季度	第1年 第二季度	第1年 第三季度	第1年 第四季度	第2年 第一季度	总投资额
手工线	35W 建成					35W
半自动线	50W 在建	50W 在建	建成			100W
自动线	50W 在建	50W 在建	50W 在建	建成		150W
柔性线	50W 在建	50W 在建	50W 在建	50W 在建	建成	200W
当季投资总额	185W	150W	100W	50W		

七、在建生产线

1. 操作方法

点击主页面下方操作区中菜单"在建生产线"，弹出"在建生产线"对话框（图 5-18）。弹出框中显示需要继续投资建设的生产线的信息，勾选决定继续投资的生产线，点击确认即可。

图 5-18　在建生产线

2. 说明

（1）只有处在建造期的生产线才会在此对话框中显示，该对话框中会提供处于建造期间的生产线的累计投资额、开建时间和剩余建造期。

（2）生产线购买之后，需要进行 2 期（含）以上投资的均为在建生产线。一条生产线待最后一期投资到位后，必须到下一季度才算安装完成，允许投入使用。

（3）生产线安装完成后，盘面上必须将投资额放在设备净值处，以证明生产线安装完成，并将生产线标志翻转过来。

（4）各组之间不允许相互购买生产线，只允许向设备供应商（管理员）购买。

（5）手工线与租赁线安装不需要时间，随买随用。

八、生产线转产

1. 操作方法

点击主页面下方操作区中菜单"生产线转产",弹出"生产线转产"对话框(图5-19)。弹出框中显示可以进行生产转产的生产线信息,勾选转产的生产线以及转线后所要生产的产品,点击确认即可。

图5-19 生产线转产

2. 说明

(1)生产线建造时已经确定了生产的产品种类,但是在企业运营过程中,为完成不同产品数量的订单按时交货,可能会对生产线生产的产品进行适当的转产操作,转产时要求该生产线处于待生产状态,否则不可进行转产操作。

(2)转产时,不同生产线的转产费用和转产周期是有区别的,具体详见规则说明。当转产周期大于1Q时,下一季度点击生产线转产,弹出框中显示需要继续转产的生产线,勾选即继续投资转产,不选即中断转产。

(3)在生产线上直接单击要转产的生产线(建成且没有在产品的生产线),单选一条生产线,并选择要转产生产的产品。

(4)手工线和柔性线若要转产,也必须操作,但不需要停产及转产费。

(5)转产可多次操作,若是转产周期为两期(含)以上,则需要继续转产,操作和在建生产线类似。

3. 举例

假定规则规定手工线转产周期为0Q、转产费用0W。若某手工线原定生产P1产品,现在需要转产为P2产品,则转产时要求该手工线上没有在产品方能转产,且转产当季即可上线生产新的P2产品,无需支付转产费用。

假定规则规定半自动线转产周期为1Q,转产费用10W。若某半自动线原定生产P1产品,现在需要转产为P2产品,则转产时要求该半自动线上没有在产品方能转产,且需进行1个季度的"生产线转产"操作后,方能上线生产新的P2产品,且需支付相应的转产费用10W。

4. 摆盘

翻转生产线标志，并标明新生产产品，按季度向财务总监申请并支付转产费用，在投满转产费用后下一季，再次翻转生产线标志，开始新的生产。以自动线为例，转产需要一个周期，共 20W 转产费，在第一季度开始转产，投资 20W 转产费，第二季度完成转产，可以生产新产品。

九、出售生产线

1. 操作方法

点击主页面下方操作区中菜单"出售生产线"，弹出"出售生产线"对话框（图 5-20）。弹出框中显示可以进行出售的生产线信息。勾选要出售的生产线，点击确认即可。

图 5-20 出售生产线

2. 说明

生产线出售的前提是该生产线是空置的，即没有在生产产品。出售时按残值收取现金，按净值（生产线的原值减去累计折旧后的余额）与残值之间的差额作企业损失。即已提足折旧的生产线不会产生出售损失，未提足折旧的生产线必然产生出售损失。

3. 举例

假定规则确定半自动线建设期为 1Q、原值为 100W、净残值 20W、使用年限 4 年，若某企业第 1 年第一季度开建一条半自动线，则该生产线系第 1 年第二季度建成，只要该生产线处于待生产状态即可进行出售。

若建成后当年将其出售，则会收到 20W 现金，同时产生 80W 损失【=（原值 100W - 累计折旧 0W）- 净残值 20W】；若第 2 年将其出售，则会收到 20W 现金，同时产生 60W 损失【=（原值 100W - 累计折旧 20W）- 净残值 20W】，以此类推。

4. 摆盘

将变卖的生产线残值放入现金区，其他剩余价值（净值 - 残值）放入"其他"费用处，记入当年"综合费用"，并将生产线交还给供应商即完成变卖。

十、开始下一批生产

1. 操作方法

点击主页面下方操作区中菜单"开始生产",弹出"开始下一批生产"对话框(图 5-21)。弹出框中显示可以进行生产的生产线信息。勾选要投产的生产线,点击确认即可。

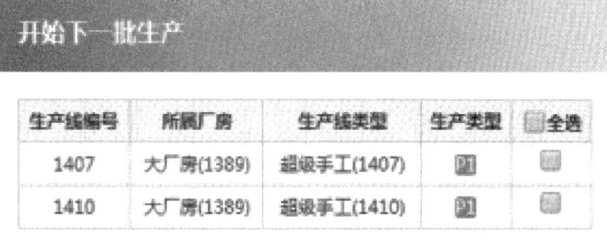

图 5-21 开始下一批生产

2. 说明

(1) 开始下一批生产时保证相应的生产线空闲、产品完成研发、生产原料充足,投产用的现金足够,上述四个条件缺一不可。开始下一批生产操作时,系统会自动从原材料仓库领用相应的原材料,并从现金处扣除用于生产的人工费用。

(2) 任何一条生产线在产品只能有一个。

3. 举例

假定规则规定 P1 产品构成为 1R1+10W,当前想在某半自动线上上线生产 P1 产品,则要求该半自动线此时没有在产品(因为一条生产线同时只能生产 1 个产品),且原材料仓库需有 1 个 R1 原材料,以及 10W 的现金余额用于支付产品生产的加工费用。上线生产后,系统会自动从 R1 原材料库中领用 1 个 R1,并从现金库中扣除 10W 的生产加工费用。

4. 摆盘

将产品标志置于生产线第 1 生产周期上,同时减少原料、现金(加工费)。

十一、应收款更新

1. 操作方法

点击主页面下方操作区中菜单"应收款更新",弹出"应收款更新"对话框(图 5-22),点击确认即可。

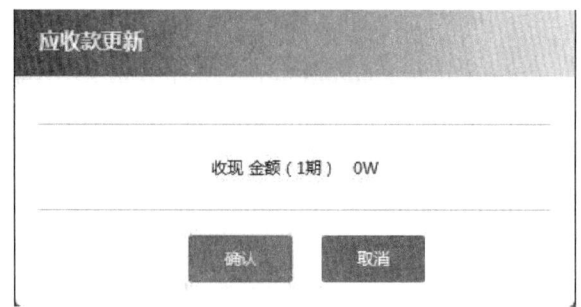

图 5 – 22　应收款更新

2. 说明

（1）应收款更新操作实质上是将企业所有的应收款项的减少 1 个收账期，它分为两种情况，一是针对本季度尚未到期的应收款，系统会自动将其收账期减少 1 个季度，二是针对本季度到期的应收款，系统会自动计算并在"收现金额"框内显示，将其确认收到，系统自动增加企业的现金。

（2）单击系统自动完成更新，此步操作后，前面的各项操作权限关闭（不能返回以前的操作任务），并开启以后的操作任务——即按订单交货、产品开发、厂房处理权限。

3. 举例

若某企业上季度末应收账款有如下两笔：一笔账期为 3Q、金额为 20W 的应收款，另一笔账期为 1Q、金额为 30W 的应收款。则本季度进行应收款更新时，系统会将账期为 3Q、金额为 20W 的应收款更新为账期为 2Q、金额为 20W 的应收款，同时系统会自动将账期为 1Q、金额为 30W 的应收款收现。

4. 摆盘

将应收款向现金库方向推进一格，到达现金库时即成为现金，必须做好现金收支记录。

十二、按订单交货

1. 操作方法

点击主页面下方操作区中菜单"按订单交货"，弹出"交货订单"对话框（图 5 – 23）。点击每条订单后的"确认交货"即可。

订单编号	市场	产品	数量	总价	得单年份	交货期	账期	ISO	操作
S211_01	本地	P1	4	208W	第2年	4季	1季	-	确认交货
S211_03	本地	P1	4	208W	第2年	4季	3季	-	确认交货
S211_04	本地	P1	2	96W	第2年	4季	2季	-	确认交货
S211_05	本地	P1	1	53W	第2年	4季	3季	-	确认交货
S211_06	本地	P1	4	201W	第2年	4季	1季	-	确认交货
S211_07	本地	P1	4	179W	第2年	4季	0季	-	确认交货
S211_10	本地	P1	2	96W	第2年	4季	2季	-	确认交货

图 5 – 23　交货订单

2. 说明

（1）系统会自动列出当年未交且未过交货期的订单及自动检测成品库存是否足够，交货期是否过期，单击"确认交货"按钮，系统会自动增加应收款或现金。

（2）订单交货对话框中会显示年初订货会上取得的所有产品订单，该订单会提供订单销售收入总价、某订单需交的产品种类和数量、交货期限、账期等信息。点击相应订单右边的"确认交货"按钮后，若当相应产品库存足够的情况下提示交货成功，若库存不足的情况下弹出库存不足的提示框。订单交货后会收取相应的现金或产生相应的应收款。

（3）订单有以下 5 个要素：

①数量——要求各企业一次性按照规定数量交货，不得多交，不得少交，也不得拆分交货。

②总价——交货后企业将获得一定的应收款或现金，记入利润表的销售收入。

③交货期——必须当年交货，不得拖到第二年，可以提前交货，不可推后，如规定 3 季交货，可以第一、二、三任意季度交货，不可第四季度交货，违约则订单收回。

④账期——在实际交货后，过若干季度收到现金。若账期为 2Q，如在第三季度完成交货，则将在下一年第一季度更新应收款时收到现金。

⑤ISO 要求——分别有 ISO 9000 及 ISO 14000 两种认证，企业必须具备相应认证，方获得有认证要求的订单。

（4）特别提示：

①收现时间从实际交货季度算起。

②若账期为 0，则交货时直接收到现金。

③不论当年应收款是否收现，均记入当年销售收入。

3. 举例

若企业获取的订单情况如图 5-23 中所示，则表示上述订单均要求在当年第四季度结束前交货，如果不能按时交货则取消该产品订单，且要支付相应的违约金（违约金比率由教师/裁判在系统参数中设置）。

若当前为当年的第三季度，库存 P1 产品有 3 个，则企业可选择 S211-01、S211-03、S211-06、S211-07 这 4 个订单中的一个进行交货，若企业选择 S211-01 订单交货，则交货后企业会产生账期为 1Q、金额为 208W 的应收款，该应收款可在下季度应收款更新中收回。同时，系统会从 P1 产品库中减少 3 个 P1 产品予以交货。

4. 摆盘

营销总监检查各成品库中的成品数量是否满足客户订单要求，满足则按照客户订单交付约定数量的产品给客户。若为现金（0 账期）付款，营销总监直接将现金置于现金库；若为应收账款，营销总监将现金置于应收款相应账期处。

十三、厂房处理

1. 操作方法

点击主页面下方操作区中菜单"厂房处理"，弹出"厂房处理"对话框（图 5-24）。选择厂房的处理方式，系统会自动显示出符合处理条件的厂房以供选择。勾选厂房，点击确认即可。

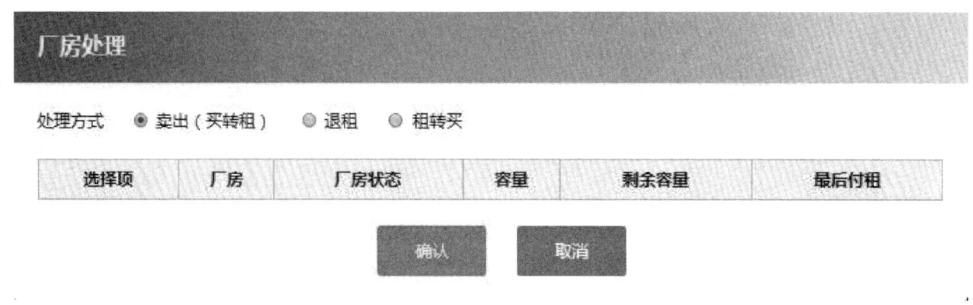

图 5-24 厂房处理

2. 说明

（1）本操作适用于已经在用的厂房，若要新置厂房，请操作"购置厂房"。

（2）厂房处理方式包括卖出（买转租）、退租、租转买三种。如果拥有厂房且无生产线，可卖出，增加4Q应收款，并删除厂房，如果拥有厂房但有生产线，卖出后增加4Q应收款，自动转为租，并扣当年租金，记下租入时间，租入厂房。如果离上次付租金满1年（如上年第二季度起租，到下年第二季度视为满1年），可以转为购买（租转买），并立即扣除现金；如果无生产线，可退租并删除厂房。

（3）租入厂房离上次付租金满1年，如果不执行本操作，视为续租，并在当季结束时自动扣下一年租金。

3. 举例

假定规则规定某大厂房购买价为400W，租金40W/年。

若企业欲将原购入的大厂房买转租，则会产生期限为4Q、金额为400W的应收款，同时系统会在买转租时自动扣除当期厂房租金40W。

若企业于上年第二季度租入一个大厂房，如果在本年度第二季度结束前退租，则系统无需支付第2个年度的厂房租金；如果在本年度第二季度结束后退租，则系统需扣除第2个年度的厂房租金40W。此操作要求该厂房内无生产设备。

若企业欲租转买原租入的大厂房，则系统仍会在大厂房租入的对应季度扣除当年的租金，并且在租转买时支付大厂房的购买价款400W。

4. 摆盘

出售厂房增加应收款置于4Q处；转租或买时参照"购置厂房"操作。

十四、产品研发

1. 操作方法

点击主页面下方操作区中菜单"产品研发"，弹出"产品研发"对话框（图5-25）。勾选需要研发的产品，点击确认即可。

图 5-25 产品研发

2. 说明

(1) 产品研发按照季度来投资,每个季度均可操作,中间可以中断投资,直至产品研发完成,产品研发成功后方能生产相应的产品。产品研发的规则详见规则说明。

(2) 操作时,需要同时选定要开发的所有产品,每季只允许操作一次。

(3) 单击"确认研发"按钮确认并退出本窗口,一旦退出,则本季度不能再次进入操作。

(4) 当季(年)结束系统检测开发是否完成。

3. 举例

P1、P2、P3、P4 的研发规则见上文表 4-6,某企业在第 1 年第一季度开始同时研发上述 4 种产品,且中间不中断研发,则第 1 年第一季度需支付研发费用 40W,第一季度无产品研发完成;第 1 年第二季度需支付研发费用 40W,此时 P1 产品研发完成,第三季度即可生产 P1 产品;第 1 年第三季度需支付研发费用 30W,此时 P2 产品研发完成,第四季度即可生产 P2 产品;第 1 年第四季度需支付研发费用 20W,此时 P3 产品研发完成,第 2 年第一季度即可生产 P3 产品;第 2 年第一季度需支付研发费用 10W,此时,P4 产品研发完成,第 2 年第二季度即可生产 P4 产品。具体研发过程见表 5-7:

表 5-7 产品研发过程

	第1年 第一季度	第1年 第二季度	第1年 第三季度	第1年 第四季度	第2年 第一季度	第2年 第二季度
P1	10W	10W	研发完成			
P2	10W	10W	10W	研发完成		
P3	10W	10W	10W	10W	研发完成	
P4	10W	10W	10W	10W	10W	研发完成
当季投资总额	40W	40W	30W	20W	10W	

4. 摆盘

研发费用置于相应产品的生产资格位置。

十五、ISO 投资

1. 操作方法

该操作只有每年第四季度才出现。点击主页面下方操作区中菜单"ISO 投资",弹出"ISO 投资"对话框(图 5-26)。勾选需要投资的 ISO 资质,点击确认即可。

图 5-26　ISO 投资

2. 说明

ISO 投资包括产品质量(ISO 9000)认证投资和产品环保(ISO 14000)认证投资。企业若想在订货会上选取带有 ISO 认证的订单,必须取得相应的 ISO 认证资格,否则不能选取该订单。ISO 投资每年只有第四季可操作一次,可中断投资,直至 ISO 投资完成。

3. 举例

若企业在订单市场中想选择带有 ISO 9000 的产品订单,则该企业必须已经完成 ISO 9000 的投资,否则不能选择该订单。

假定 ISO 投资规则见上文表 4-5,企业若在第 1 年同时开始投资 ISO 9000 和 ISO 14000,中间不中断投资,则第 1 年该企业需支付 ISO 投资额 30W(ISO 9000 投资费用 10W + ISO 14000 投资费用 20W),第 2 年该企业还需支付 ISO 投资额 30W,此时完成 ISO 投资,该企业方可在第 3 年的年度订货会中选取带有 ISO 资格要求的订单。

4. 摆盘

研发费用置于相应 ISO 资格位置。

十六、市场开拓

1. 操作方法

该操作只有每年第四季度才出现。点击主页面下方操作区中菜单"市场开拓",弹出"市场开拓"对话框(图 5-27)。勾选需要研发的市场,点击确认即可。

图 5-27 市场开拓

2. 说明

企业经营沙盘中市场包括：本地市场、区域市场、国内市场、亚洲市场和国际市场。市场开拓是企业进入相应市场投放广告、选取产品订单的前提。市场开拓相关规则详见规则说明。市场开拓每年第四季度末可操作一次，中间可中断投资。

3. 举例

假定规则规定本地市场、区域市场、国内市场、亚洲市场和国际市场的开拓期分别为1、1、2、3、4 年，开拓费用均为每年10W。若企业从第1年末开始开拓所有市场，且中间不中断投资，则：

第1年末需支付50W（各类市场各10W）市场开拓费用，当即完成本地和区域市场的开拓，即在第2年初的订货会上可对本地和区域市场投放广告、选取订单；

第2年末需支付30W（国内、亚洲、国际各10W）市场开拓费用，完成国内市场的开拓，即在第3年初的订货会上可对本地市场、区域市场和国内市场投放广告、选取订单；

第3年末需支付20W（亚洲、国际各10W）市场开拓费用，完成亚洲市场的开拓，即在第4年初的订货会上可对本地、区域、国内和亚洲市场投放广告、选取订单；

第4年末需支付10W（国际市场10W）市场开拓费用，完成国际市场的开拓，即在第5年初的订货会上可对所有市场投放广告、选取订单。

4. 摆盘

研发费用置于相应市场准入资格位置。

十七、当季（年）结束

1. 操作方法

每年第四季度经营结束，需要当年结束，确认一年经营完成。点击主页面下方操作区中菜单"当季结束"或"当年结束"，弹出"当季结束"（图 5-28）或"当年结束"对话框（图 5-29），点击确认即可。

图 5 - 28　当季结束

图 5 - 29　当年结束

系统会自动完成以下任务：

（1）支付第四季度管理费。

（2）如果有租期满 1 年的厂房，续付租金。

（3）检测产品开发完成情况。

（4）检测市场开拓及 ISO 开拓完成情况。

（5）支付设备维修费。

(6) 计提折旧。

(7) 违约扣款。

(8) 系统会自动生成综合费用表、利润表和资产负债表三大报表。

(9) 需要在客户端填写资产负债表，系统自动检测正确与否，不正确会提示，可以不填写报表，不影响后续经营。

2. 说明

一季度经营完成需要当季结束确认；当季结束时，系统会自动支付行政管理费（10W/季）、厂房续租租金，检查产品开发完成情况。

当年结束时，系统会自动支付行政管理费、厂房续租租金，检测产品开发、ISO投资、市场开拓情况，自动支付设备维修费、计提当年折旧、扣除产品违约订单的罚款。

3. 摆盘

管理费、厂房租金、维修费置于财务中心相应费用区，违约扣款置于"其他"处。折旧计提需要减少生产线净值，置于财务中心"折旧"处。若生产资格、市场准入资格、ISO资格开发完成，可将资格证置于相应位置。完成手工财务处理，需要清除盘面上各类费用（不包括未开发完成的生产资格、市场准入资格、ISO资格费用）。

第四节　年末工作

企业日常经营活动结束后，年末进行各种账项的计算和结转，编制各种报表，计算当年的经营成果，反映当前的财务状况，并对当年经营情况进行分析总结。

一、年末填写报表运营操作

点击主页面下方操作区中菜单"填写报表"，弹出"填写报表"对话框（图5-30）。依次在综合费用表、利润表、资产负债表的编辑框内输入相应计算数值，三张表填写过程中都可点击保存，暂时保存数据。点击提交，即提交结果，系统计算数值是否正确并在教师端公告信息中显示判断结果。

二、编制报表

沙盘企业每年的经营结束后，应当编制相关会计报表，及时反映当年的财务和经营情况。在沙盘企业中，主要编制产品核算统计表、综合费用计算表、利润表和资产负债表。

1. 产品核算统计表

产品核算统计表是核算企业在经营期间销售各种产品情况的报表，它可以反映企业在某一经营期间产品销售数量、销售收入、产品销售成本和毛利情况，是编制利润表的依据之一。产品核算统计表的格式见表5-8。

图 5-30 填写报表

表 5-8 产品核算统计表

	P1	P2	P3	P4	合计
数量					
销售额					
成本					
毛利					

产品核算统计表是企业根据企业实际销售情况编制的，其数据来源于"订单登记表"。在前面我们已经介绍，企业在取得销售订单后，营销总监应及时登记订单情况，当产品实现销售后，应及时登记产品销售的销售额、销售成本，并计算该产品的毛利。年末，企业经营结束后，营销总监根据订单登记表，分产品汇总各种产品的销售数量、销售额、销售成本和毛利，并将汇总结果填列在"产品核算统计表"中。之后，营销总监将"产品核算统计表"交给财务总监，财务总监根据"产品核算统计表"中汇总的数据，登记利润表中的"销售收入""直接成本"和"毛利"栏。

2. 综合费用计算表

综合费用表反映企业期间费用的情况，具体包括：管理费用、广告费、设备维护费、厂房租金、市场开拓费、ISO 认证费、产品研发费、信息费和其他等项目。其中信息费是指企业为查看竞争对手的财务信息而向支付的费用，具体由规则确定。根据沙盘上的"综合费用"处的支出进行填写，其格式见表 5-9。

表 5-9 综合费用明细表 单位：万元

项 目	金 额	备 注
管理费		
广告费		
设备维护费		

续表

项目	金额	备注
租金		
转产费		
市场准入开拓		□区域　□国内　□亚洲　□国际
ISO 资格认证		□ISO 9000　□ISO 14000
产品研发		P2（　　）P3（　　）P4（　　）
其他		
合计		

综合费用计算表的填制方法如下：

(1)"管理费"项目根据企业当年支付的行政管理费填列。企业每季度支付 10W 的行政管理费，全年共支付行政管理费 40W。

(2)"广告费"项目根据企业当年年初的"广告登记表"中填列的广告费填写。

(3)"设备维护费"项目根据企业实际支付的生产线保养费填列。根据规则，只要生产线建设完工，不论是否生产，都应当支付保养费。

(4)"租金"项目根据企业支付的厂房租金填写。

(5)"转产费"根据企业生产线转产支付的转产费填写。

(6)"市场准入开拓"根据企业本年开发市场支付的开发费填列。为了明确开拓的市场，需要在"备注"栏本年开拓的市场前划"√"。

(7)"ISO 资格认证"项目根据企业本年 ISO 认证开发支付的开发费填列。为了明确认证的种类，需要在"备注"栏本年认证的名称前划"√"。

(8)"产品研发"项目根据本年企业研发产品支付的研发费填列。为了明确产品研发的品种，应在"备注"栏产品的名称前划"√"。

(9)"其他"项目主要根据企业发生的其他支出填列，比如，出售生产线净值大于残值的部分等。

3. 利润表

利润表反映企业当期的盈利情况，具体包括：销售收入、直接成本、综合费用、折旧、财务费用、所得税等项目。其中销售收入为当期按订单交货后取得的收入总额，直接成本为当期销售产品的总成本，综合费用根据"综合费用表"中的合计数填列，折旧系当期生产线折旧总额，财务费用为当期借款所产生的利息总额，所得税根据利润总额计算。利润表把一定期间内的营业收入与其同一期间相关的成本费用相配比，从而计算出企业一定时期的利润。通过编制利润表，可以反映企业生产经营的收益情况、成本耗费情况，表明企业生产经营成果。同时，通过对利润表提供的不同时期的数据进行比较，可以分析出企业利润的发展趋势和获利能力。简化的利润表的基本格式见表 5-10。

表 5-10　　　　　　　　　　　利润表

项目	本年数
销售收入	
直接成本	

续表

项　　目	本 年 数
毛利	
综合费用	
折旧前利润	
折旧	
支付利息前利润	
财务费用（利息＋贴息）	
税前利润	
所得税	
净利润	

利润表的编制方法如下：

（1）利润表中"本年数"栏反映各项目本年的实际发生数，根据本年实际发生额的合计填写。

（2）"销售收入"项目，反映企业销售产品取得的收入总额。本项目应根据"产品核算统计表"填写。

（3）"直接成本"项目，反映企业本年已经销售产品的实际成本。本项目应根据"产品核算统计表"填写。

（4）"毛利"项目，反映企业销售产品实现的毛利。本项目是根据销售收入减去直接成本后的余额填写。

（5）"综合费用"项目反映企业本年发生的综合费用，根据"综合费用表"的合计数填写。

（6）"折旧前利润"项目反映企业在计提折旧前的利润，根据毛利减去综合费用后的余额填写。

（7）"折旧"反映企业当年计提的折旧额，根据当期计提的折旧额填写。

（8）"支付利息前利润"项目反映企业支付利息前实现的利润，根据折旧前利润减去折旧后的余额填写。

（9）"财务费用"项目反映企业本年发生的财务收入或者财务支出，比如借款利息、贴息等。本项目根据沙盘上的"利息"填写。

（10）"税前利润"项目反映企业本年实现的利润总额。本项目根据支付利息前的利润加财务收入减去财务支出，再加上其他收入减去其他支出后的余额填写。

（11）"所得税"项目反映企业本年应交纳的所得税费用，用友 U8 规定所得税为 25％。

（12）"净利润"项目反映企业本年实现的净利润，本项目根据税前利润减去所得税后的余额填写。

4. 资产负债表

资产负债表反映企业当期财务状况，具体包括：现金、应收款、在制品、产成品、原材料等流动资产，土地建筑物、机器设备和在建工程等固定资产，长期负债、短期负债、特别贷款、应交税金等负债，以及股东资本、利润留存、年度净利等所有者权益项目。资产负债表是反映企业某一特定日期财务状况的会计报表。它是根据"资产＝负债＋所有者权益"

的会计等式编制的。简化的资产负债表的结构见表 5-11。

表 5-11　　　　　　　　　　　　　　资产负债表

资产	期初数	期末数	负债和所有者权益	期初数	期末数
流动资产：			负债：		
现金			长期负债		
应收款			短期负债		
在制品			应付账款		
成品			应交税金		
原料			一年内到期的长期负债		
流动资产合计			负债合计		
固定资产：			所有者权益：		
土地和建筑			股东资本		
机器与设备			利润留存		
在建工程			年度净利		
固定资产合计			所有者权益合计		
资产总计			负债和所有者权益总计		

从资产负债表的结构可以看出，资产负债表由期初数和期末数两个栏目组成。

资产负债表的"期初数"栏各项目数字应根据上年末资产负债表"期末数"栏内所列数字填写。

资产负债表的"期末数"栏各项目主要是根据有关项目期末余额资料编制，其数据的来源主要通过以下几种方式取得：

（1）资产类项目主要根据沙盘盘面的资产状况通过盘点后的实际金额填写，如现金根据企业现金结存数填写、应收款根据应收款余额填写、在制品根据在产的产品成本填写、产成品根据结存在库的完工产品总成本填写、原材料根据结存在库的原材料总成本填写、土地建筑物根据购入的厂房总价值填写、机器设备根据企业拥有的已经建造完成的生产线的总净值填写、在建工程根据企业拥有的在建的生产线的总价值填写。

（2）负债类项目中的"长期负债"和"短期负债"根据沙盘上的长期借款余额款和短期借款余额款填写，如果有将于一年内到期的长期负债，应单独反映，其中，特别贷款根据后台特别贷款总额填写（一般不会遇到）。

（3）"应交税金"项目根据企业本年"利润表"中的"所得税"项目的金额填写。

（4）"所有者权益类"中的股东权益项目，如果本年股东没有增资的情况下，直接根据上年末"利润表"中的"股东注资资本总额"项目填写，如果发生了增资，则为上年末的股东资本加上本年增资的资本。

（5）"利润留存"项目根据上年利润表中的"利润留存"和"年度净利"两个项目的合计数填写，其中利润留存根据截至上年末至企业的利润结存情况填写。

（6）"年度净利"项目根据"利润表"中的"净利润"项目填写。

第五节 流程外运营操作

一、贴现

1. 操作方法

此操作随时可进行,点击主页面下方操作区中菜单"贴现",弹出"贴现"对话框(图5-31)。弹出框中显示可以贴现的应收款金额,选好贴现期,在贴现额一列输入要贴现的金额。点击确认,系统根据不同贴现期扣除不同贴息,将贴现金额加入现金。

图 5-31 贴现

2. 说明

贴现是指将未到期的应收款提前收回,因为该应收款并非正常到期收回,所以贴现时需支付相应的贴现利息。贴现利息 = 贴现金额 × 贴现率,贴现率由教师/裁判在系统参数中设定,相关规定详见规则说明。这一操作一般在企业短期存在现金短缺,且无法通过成本更低的正常贷款取得现金流时才考虑使用。可在任意时间操作且次数不限,但填入贴现金额应小于应收款,贴现费用入财务费用,其他部分增加现金。

3. 举例

假定某企业账期为 1Q 和 2Q 的应收款贴现率为 10%,账期为 3Q 和 4Q 的应收款贴现率为 12.5%,若现将账期为 2Q、金额为 10W 的应收款和账期为 3Q、金额为 20W 应收款同时贴现,则:

贴现利息 = 10 × 10% + 20 × 12.5% = 3.5W 约等于 4W

(规则规定贴现利息一律向上取整)

实收金额 = 10 + 20 - 4 = 26W。

贴现后实收到的现金为 26W，产生的贴现利息 4W，作为财务费用入账。

4. 摆盘

增加现金，贴息置于财务中心"贴息"处。

二、紧急采购

1. 操作方法

该操作随时可进行，点击主页面下方操作区中菜单"紧急采购"，弹出"紧急采购"对话框（图 5 - 32）。显示当前企业的原料、产品的库存数量以及紧急采购价格，在订购量一列输入数值，点击确认采购即可。

图 5 - 32 紧急采购

2. 说明

（1）紧急采购是为了解决材料或产品临时短缺而出现的，企业原材料订购不足或产品未能按时生产出来，均可能造成产品订单不能按时交货，从而导致订单违约，而失去该订单收入和支付违约损失，为避免该损失，企业可通过紧急采购少量的短缺原材料或产品，从而满足生产或交货的需要，促使产品订单按时交货，由此取得相应的销售利润。紧急采购价格一般比正常的采购价要高很多，具体由教师/裁判在参数设置中设定。操作时既可以紧急采购原材料，也可以紧急采购库存产品。

（2）可在任意时间操作（竞单时不允许操作）。

（3）单选需购买的原料或产品，填写购买数量后确认订购。

（4）原料及产品的价格列示在右侧栏中——默认原料是直接成本的 2 倍（为参数，可修改），成品是直接成本的 3 倍（为参数，可修改）。

（5）当场扣款到货。

(6) 购买的原料和产品均按照直接成本计算，高于直接成本的部分，记入综合费用表。

3. 摆盘

减少现金，增加库存，同时将高于直接成本部分置于盘面"其他"处。

三、出售库存

1. 操作方法

该操作随时可进行，点击主页面下方操作区中菜单"出售库存"，弹出"出售库存"对话框（图5-33）。显示当前企业的原料、产品的库存数量以及出售价格，在出售数量一列输入数值，点击确认即可。

图 5-33 出售库存

2. 说明

（1）企业一般只有在资金极度短缺时才会考虑出售库存。库存出售一般会在成本的基础上打折销售，出售价由教师/裁判在参数设置中设定。

（2）可在任意时间操作。填入售出原料或产品的数量，然后确认出售。

（3）原料、成品按照系统设置的折扣率回收现金——默认原料为8折，成品为直接成本。

（4）售出后的损失部分记入费用的损失项。

（5）所得现金四舍五入（已出售的原料或成品相加再乘以折扣）。

3. 摆盘

增加现金，减少库存，同时将低于直接成本部分置于盘面"其他"处。

四、厂房贴现

1. 操作方法

该操作随时可进行,点击主页面下方操作区中菜单"厂房贴现",弹出"厂房贴现"对话框(图5-34)。弹出框中显示可以贴现的厂房信息,选择某一条厂房,点击确认即可。系统根据该类厂房出售价格贴现,如果有生产线扣除该厂房的租金,保证厂房继续经营。

图 5-34 厂房贴现

2. 说明

(1)该操作实质上是将厂房卖出(买转租)产生的应收款直接贴现取得现金。它与厂房处理中的卖出(买转租)的区别就在于,"卖出(买转租)"操作时产生的应收款并未直接贴现,而厂房贴现则直接将卖出(买转租)产生的应收款同时贴现掉。

(2)任意时间可操作。

(3)如果无生产线,厂房原值售出后,售价按4季应收款全部贴现。

(4)如果有生产线,除按售价贴现外,还要再扣除租金。

(5)系统自动全部贴现,不允许部分贴现。

3. 摆盘

参照出售厂房与贴现操作。

五、订单信息

1. 操作方法

此操作随时可进行,点击主页面下方操作区中菜单"订单信息",弹出"订单信息"对话框(图5-35)。弹出框中显示当前企业所有年份获得的订单,可以查询每条订单的完成时间、状态等信息。

订单编号	市场	产品	数量	总价	状态	得单年份	交货期	账期	ISO	交货时间
S211_06	本地	P1	4	201W	未到期	第2年	4季	1季	-	-
S211_07	本地	P1	4	179W	未到期	第2年	4季	0季	-	-
S211_03	本地	P1	4	208W	未到期	第2年	4季	3季	-	-
S211_05	本地	P1	1	53W	未到期	第2年	4季	3季	-	-
S211_01	本地	P1	4	208W	未到期	第2年	4季	1季	-	-
S211_04	本地	P1	2	96W	未到期	第2年	4季	2季	-	-
S211_10	本地	P1	2	96W	未到期	第2年	4季	2季	-	-

图 5-35　订单信息

2. 说明

企业随时可点击"订单信息"查阅所取得的订单情况，从而确定生产安排、交货安排等情况。

六、间谍

1. 操作方法

点击主页面下方操作区中菜单"间谍"，弹出"间谍"对话框（图 5-36）。点击确认下载即可。

图 5-36　间谍

2. 说明

（1）间谍中可显示获得自己公司信息和其他组信息两种，可免费获取自己公司信息，以 Excel 形式查阅或保存企业经营数据。若要查看其他公司的信息，则需支付教师/裁判在参数设置中设定的间谍费，才能以 Excel 形式查询其他企业任一组的数据。

（2）间谍数据不得使用第三方下载工具下载。

七、其他

1. 破产检测

（1）广告投放完毕、当季开始、当季（年）结束、更新原料库等环节，系统自动检测已有库存现金加上最大贴现及出售所有库存及厂房贴现，是否足够本次支出，若不够，则破产退出系统；如需继续经营，联系管理员（教师）进行处理。

（2）当年结束，若权益为负，则破产退出系统，如需继续经营，联系管理员（教师）处理。

2. 小数取整处理规则

（1）违约金扣除（每张违约单单独计算）——四舍五入。

（2）库存拍卖所得现金——四舍五入。

（3）贴现费用——向上取整。

（4）扣税——四舍五入。

3. 操作小贴士

（1）需要付现操作系统均会自动检测，若不够，则无法进行下去。

（2）请注意在其他操作之前，必须更新原料库及更新应收款这两个操作。

（3）多个操作权限同时打开，对操作顺序并无严格要求，但建议按顺序操作。

（4）可通过 IM（InstantMessaging）与管理员联系。

（5）市场开拓与 ISO 投资仅第四季度可操作。

（6）操作中发生显示不当，立即执行"刷新"命令（按 F5 键）或退出重登。

第六章

新道商战 ERP 沙盘模拟运营实战策略

ERP 沙盘模拟经营，与现实企业经营一样，要经营好，需要付出艰辛的努力，需要有大智慧和高技巧，需要理性的分析和正确的决策，需要团队的精诚团结和鼎力合作，需要认真细致地踏踏实实做好每一项工作。所以，要在沙盘经营中取得好成绩，需要多方面的协调配合。CEO 要统揽全局，科学指挥，制定科学的发展规划，加强过程监管，加强队伍的情绪控制，预防差错的发生。

第一节 战略规划策略

沙盘企业经营的成败，很大程度上与企业的战略规划密切相关。因为它能使自己的团队知道自己要做什么，什么时候做，怎样做，做或不做对企业有什么影响。在实际经济生活中，战略规划涉及的面很宽，但对于沙盘企业而言，主要包括市场和 ISO 认证开发规划、生产线购买或出售规划、产品开发规划、产品生产规划等几个方面。为了提高规划直观性，我们可以借助企业战略规划表（表 6-1）来进行。

表 6-1　　　　　　　　　　　企业战略规划表

年份 项目	第 1 年				第 2 年				第 3 年				第 4 年			
	1	2	3	4	1	2	3	4	1	2	3	4	1	2	3	4
产品开发																
市场开发																
ISO 认证																
生产线投资																

续表

年份 项目	第1年				第2年				第3年				第4年			
	1	2	3	4	1	2	3	4	1	2	3	4	1	2	3	4
厂 房																
贷 款																

通过企业战略规划表,可以明确企业在某年某个季度开展的工作。战略规划从时间上划分,包括中长期规划和短期规划。中长期规划一般在5年以上,短期规划一般为1年。沙盘企业的规划应当长短期结合,长期规划明确我们的方向,短期规划明确我们在什么时候做什么。短期战略规划应当在每年年初进行。

一、市场开发规划

进行市场开发规划,首先要明确几个问题:企业为什么要进行开发市场?应当开发哪些市场?什么时候开发?是否是市场开发越多对企业就越有利?

我们知道:如果产品只在一个市场销售,则产品的销量会非常有限;如果所有的企业将同类的产品放在同一个市场销售,竞争就会非常惨烈。所以,企业要扩大产品销售,必须扩大产品的销售市场。在沙盘企业,产品的销售市场包括本地市场、区域市场、国内市场、亚洲市场和国际市场,每个市场开发周期不同,开发费用不相同。

企业在确定市场开发时,不应当盲目认为市场越多越好。在企业的产品品种丰富、产量比较多的情况,市场越多产品销售渠道越多,产品也更容易实现销售;但企业资金紧张,产品产量又少,如果盲目开发市场,不仅会导致资金更紧张,而且开发出来的市场不能得到充分的利用,就是说出现了有市场没有产品销售的情况,如果是这样的话,企业的市场开发策略就是不妥当的。

那么,企业在开发市场时应当考虑哪些因素呢?

1. 要研究每个市场的销售特点及发展趋势

不同的市场,在不同的阶段其产品需要量和价格是不一样的。为此,应当研究每一个市场不同产品的需要量和价格水平,比较在相同年份相同产品在不同市场的情况。确定出企业在不同年份应当进入的市场,从而确定出本企业要进入的重点市场以及市场开发的时间。

2. 要估计竞争对手可能进入的市场

在市场上,随时都面临着激烈的竞争。为此,企业应当从对手的产品开发、市场开发情况上进行分析对手可能重点开发的市场。在市场开发上尽可能占先机,如果可能,避开竞争激烈的市场。当然,对手竞争的激烈程度也是相对而言的,比如,如果本企业的产品丰富,企业可以通过丰富的产品占领市场,争得市场老大,抢得先机。

3. 要考虑本企业的产品策略,确定企业的目标市场

对于不同的产品,在不同的阶段,在不同的市场其价格和市场需要量是不同的。为此,在制定本企业的市场开发战略时,应当结合企业的产品战略进行考虑。比如,企业重点生产的产品是P4,如果P4产品的需要量主要在集中在区域、国内和亚洲市场,国际市场需要量很小,那么,企业就应当回避国际市场,重点占领区域、国内和亚洲市场。

4. 要考虑本企业的资金情况,量力而行

对于一个企业来说,总是希望市场越多越好。但是,开发市场是需要投资的,如果开发

市场，而该市场又没有发挥应有的作用，则开发是失败的。市场开发，要考虑企业的资金情况，不仅仅是本年的资金情况，还应当考虑投入了市场开发可能对本年的资金影响，对本年净利润的影响，而净利润又影响所有者权益，所有者权益最终要影响下年的贷款额度。所以，市场开发支出，不仅仅是开发市场的问题，还包含了可能影响的各个方面。

一般而言，企业根据产品情况，应当开发3个以上的市场。如果资金许可，应尽可能早开发。当然，如果企业的资金控制不好，在某个年份出现了严重的资金短缺，则应当暂时停止开发，毕竟生存是第一位的。

二、ISO 认证开发规划

ISO 认证包括 ISO 9000 和 ISO 14000 认证，通过开发 ISO 认证，企业可以取得具有 ISO 条件的产品订单。但一般而言，ISO 认证条件只在部分市场有要求，有的市场没有要求。所以，企业是否开发 ISO 认证，需要结合企业的市场开发情况来定。比如，企业主要进入的是本地、区域和国内市场，我们通过市场预测表，如果预测在这三个市场对于 ISO 认证条件要求不高，在资金偏紧张的情况下就可以暂时不开发。同样，如果企业主要占领的是亚洲和国际市场，这两个市场虽然对 ISO 认证有要求，但时间比较靠后，比如在后两年才有要求，则企业可以推迟开发，这样，既不影响产品的销售，同时又没有过早占用资金，提高了资金的使用效率。

所以，企业在进行 ISO 认证开发规划时，主要应当考虑资金情况、企业的目标市场和开发时间三个方面的问题，对于用友新道规则来说，第一年就要进行认证。

三、生产线投资规划

企业要增加利润，必须增加利润高的产品的销售，而销售量的增加必然涉及产品的生产，要生产就必然涉及用什么生产线生产的问题。所以生产线投资属于生产的问题，涉及企业应当购买什么生产线、购买多少，什么时候购买的问题。企业在生产线投资时，应当考虑以下几个方面的问题：

1. 企业的资金情况

企业在进行购买生产线的决策时，首先应当考虑的就是企业的资金情况。这里的资金情况不仅仅是当期的资金情况，还包括后期资金的投入情况。因为购买安装生产线是分期投入的，而且生产线完工投入产品生产时，还涉及购买原材料和支付加工费等支出，所以，企业在购买生产线时应当考虑购买了生产线对当期及以后各期的影响，防止由于资金紧张而中途停止安装和由于资金紧张导致完工后出现停工的情况。

为了保证资金不出现问题，企业最好的方式就是编制现金预算，而且现金预算最好是2年以上的滚动预算。

2. 产品开发完工的时间

企业在购买生产线时，应当测算生产线的完工时间。当生产线安装完工的当期，企业就能投入产品的生产是最佳方案。如果新建生产线是用于生产新开发的产品，则要做到生产线安装完工的时间与新产品开发完成的时间相一致，否则就会出现生产线空置，造成浪费。这就要求企业在购买生产时，首先要明确该生产线完工后生产什么产品，然后确定出生产线的购买时间。当然，为了使生产线完工后当期能投入产品的生产，还应当做好原材料的采购准备工作。

3. 是否转产

企业的生产线包括四种，每种生产线的转产期和转产费是不相同的。如果企业不准备转产，则应尽可能考虑全自动生产线，如果企业预计生产线需要转产或者为了竞争的需要而要转产，如果资金许可，则应考虑一条柔性生产线。当然，如果已经到了经营的后期，企业就尽可能事先做好生产线产品生产的规划，尽可能不考虑生产线转产的问题。

4. 何时上线

一般来说，在决定生产线的类型后，可根据生产线的安装周期决定上线的时机。比如，全自动线的安装周期是3Q，一般选择在每年的第二季度上线安装，这样该生产线在下一年的第一季度建成，根据规则当年建成当年不提取折旧，到再下一年开始提取折旧，这样为企业下一年节省下30W的折旧费，而企业下一年的产量是3。若选择在第一季度上线安装，就比上述方法早1年提取折旧，而下一年可以增加的产品产量是1。如何取舍，需要生产总监与财务总监、营销总监进行沟通（注意提早1季上线，存在提早1年计提折旧费用，提前预订原材料等系列影响现金流的问题）。

5. 生产线的扩张应与市场的需求及本企业的销售能力相一致

生产线的扩张应该结合市场的需求及本企业的销售能力，不要造成过量的库存，也不要使得产能跟不上市场及销售的需要。如果需求增长快而生产能力跟不上，可以在有投资能力的上一年进行多投资，生产出一定的库存满足此后年度增长的需要。手工生产线一般都要被效率高的全自动生产线和柔性线所替代，但在手工生产线还没有淘汰时，应充分利用其可随时转产的特点，进行生产，利用它和其他生产线对产品生产时间进行调节、以实现交货时期的变更、最终达到调整应收账款账期的作用。同时手工生产线最好在每年年末即第四季度淘汰，这样，淘汰的生产线得到了全年的生产，但不需要交维护费用。当然，为了其他生产线投资及财务融资的需要，也有可能不等到第四季度就得淘汰了。柔性线的建设时期为四个季度，对柔性线的投资建设最好在第1年的第一季度就开始进行，这样第2年年初柔性线就可以开始生产，既在不需要计提折旧的一年实现全年生产，也能够在更多的年数得到柔性线随时转产的好处。后几年现金短缺时，不建议变卖生产线，生产线是企业发展的生命，只有生产出产品并实现其销售才能使得企业得以发展壮大，变卖生产线容易，可要想再投资就要花上几倍的代价了，还得花将近一年的时间。为了缓解现金短缺的问题，建议宁愿用应收账款、变卖厂房等进行贴现，或停止企业的其他投资，也不选用变卖生产线。

当然企业在制定生产线购买决策时，除了要考虑以上几个方面的问题以外，还应当考虑折旧对当期利润的影响，剩余经营时间所能生产产品的产量等问题。但在商战沙盘中，生产线的投资策略一般是这样考虑的：

1. 超级手工线

在开局方案选择中，手工线的出现率很高。无论是在以12条手工生产线、16条手工生产线这种保守方案，还是以3条柔性生产线9条手工生产线、3条柔性生产线5条手工生产线这种进攻方案中，手工线都是非常受欢迎的。其主要原因是因为：

（1）弹性强。手工线没有安装周期，一购置就可以马上使用，只要原材料没有问题，就可以根据选单情况来决定到底上几条。

（2）价格便宜。比起柔性线、自动线、手工线的价格少了可不止一点。8条手工生产线和4条柔性生产线的产能是一样的，但是8条手工线的钱还不到2条柔性线，即使加上了一个大厂房租金，手工线还是便宜很多。

（3）转产时不收转产费，也没有转产周期，每年交的维修费也是所有生产线中最少的。但是手工线并不是万能的，它的产品生产周期是两个季度，在16条手工生产线满线的情况下，后面几年，每年只有32个产能是远远不够企业订单需求的，如何挖线对于受训者具有很大的考验。

2. 自动线

生产线的购置费是商战沙盘中第二贵的，为150W；安装周期是第二长的，3个季度；如要转产时还需要手续费20W，同时每年还需要交高额的维修费20W，但1个季度的生产周期对受训者来说还是比较有吸引力的。

3. 自动租赁线

它与自动线有许多不同之处。首先它不需要购置费，而且它还有一个好处就是不需要安装周期和生产周期也是一个季度的。但它每年需要交的维护费用高达65W，是其他生产线的2~3倍，转产时不仅需要交手续费，而且还要需要等待一个季度才能使用，同时你一旦想要抛弃它，还需要交65W的分手费。尽管如此，在比赛时，有些高手还是很钟爱它，并且把它运用自如。

4. 柔性线

柔性线的购置费高达200W，一条线就花去了初始资金的1/3。这条生产线最大的优势就是可以无条件转产，不需要手续费也不需要花时间，说转就转，但它的安装周期是所有生产线中最长的，共4个季度。

5. 柔性租赁线

它与自动租赁线的不同之处就是柔性租赁线转产时不需要交转产费也不需要等待一个季度就可以直接使用，但是每年交的维护费是75W，当你不想使用它时，需要支付75W弃用费。在比赛中，一般到了第5年第四季度都会把租赁线挖掉，扩建自动线或柔性线来增加分数。租赁线能在特殊时期，扩大自己的产能，或者当你错拿订单，急需产品时，可以拿它来救急，不过你要分析好利益损失。

使用沙盘时，要取得好成绩，其中很重要的一点就体现在生产线的扩张上。适时的扩张生产线，可以迅速增加你的优势。那么我们该什么时候扩张生产线呢？在进行扩张生产线之前，一定要进行至少2年的财务预算，如果资金方面没有问题，那么随时可以扩张生产线！一般来说都是第3年、第4年、第5年、第6年扩张生产线。尤其是第4年、第5年，市场开拓了以后，会有一个需求的飞跃，而且这时经过几年的经营，资金的积累已经有了一定的基础，这个时候扩张生产线是最好的。

我们该建什么生产线呢？前面我们已经提到，在订购原材料时，应多订购2~3条生产线的原材料，这除了让我们的产能更灵活之外，还方便我们扩张生产线。相信大家都遇到过自己的产能满足不了市场需求的情况，在选单的时候发现可以多拿到订单，这个时候大家可以算算，上租赁线或者手工线多卖几个产品是否合算。然后在比赛中后阶段，就需要扩张生产线了。一般扩张生产线首选的是柔性线，生产灵活而且分数高。但在资金流不是很通畅的、可以确定某种产品定产的时候，自动线也是不错的选择。

在沙盘经营后期，挖线工作是我们经常要做的一项工作，所谓挖线指的是出售掉不加分的"虚线"如手工线、租赁线。以12手开局为例，如果你权益足够高，发展足够好，那么你第3年就考虑挖掉4条手工线再建4条柔性线，第4年再挖4条建4条，第5年同样如此。那么你的虚线就可以很顺利的用实线代替了。这是一种比较理想的情况，到底什么时候挖线、挖几条线是需要根据市场来决定的。因为挖线会缩小产能，可能会给下一年的权益带来影响。当然一般情况下都是第4年开始挖生产线，因为一般情况下第4年的市场都会显得有点疲软，相比第3年来说，第4年需求增加的数量不多，远不如第5年，如果广告打得少而且市场拥挤，那么就有可能拿不满单，这个时候就可以趁机把不生产的虚线卖掉。手工线第一季出售比较好，这样下一年就能建好柔性线，而租赁线第四季出售比较好，可以节省一年的维修费用。

四、产品开发规划

在沙盘企业中，产品品种越多，则在各个市场拿单的概率越大，对于提高广告费的收益率是有很大帮助的，而且产品品种越多，在争夺市场老大时主动权越大。同时，产品品种越丰富，企业在决定新生产线的产品生产时可以选择利润较大的品种，增加了选择的主动性和灵活性。但是，产品开发需要一定的开发周期，而且需要投入一定的开发费用，所以，产品的开发就存在开发什么产品，什么时候开发的问题。企业在进行产品开发决策时，应当考虑以下几个方面的问题：

1. 企业目标市场中产品的预计销量和预计利润水平

企业开发的产品只有能大量生产并能及时销售出去才能真正产生效益，否则，一般情况下，我们认为就是开发失败。而企业要将生产出来的产品销售出去，首先要考虑的就是市场的需求量，只有市场有需求，我们才能开发并生产，同时，如果市场的需求量不是很大，而所有企业都开发并生产的话，势必增加竞争，对企业也是不利的。其次要考虑目标市场产品的预计利润水平。企业应根据各个市场产品的利润水平，综合做出企业产品的开发决策。

2. 竞争对手的产品开发策略

企业在进行产品开发时，应当预计竞争对手的产品开发策略，尽可能在产品上形成错位竞争。在进行决策时，可以从对手的市场开发情况、生产线状况、资金情况等方面进行入手，分析竞争对手的产品开发策略。

3. 企业自身的生产能力

一般情况下，企业的产品品种越丰富，企业产品生产的灵活性越强。但是企业开发产品，应当结合自己的生产能力，否则，产品开发出来以后，由于生产能力不足，导致开发出来的产品不能生产，形成资源的浪费。一般情况下，企业每种产品每年的产量至少应在5个以上，否则就没有竞争力，也不能形成规模效益。

4. 企业的资金状况

开发产品需要投入资金，为此，企业应当考虑自身的资金状况。最基本的原则就是投入了产品开发，不会导致当期和后期出现资金的断流。为此，企业应当认真做好现金预算。

总之，产品研发是企业整个战略中最为重要的部分，好的产品组合能使企业由高成本低利润率的生产平稳过渡到低成本高利润率的生产，决定着整个企业的生命。一般来说，P1、P2和P3都需要研发，并且都是第1年完成研发，第2年开始就能进行生产，P4和P5的研发是策略的重点，决策时除了依据市场需求、财务状况及生产线的投资选择产品时机进行研发外，还应考虑产品的成本回收期和产品生命周期等因素。并不是两种产品都得研发，有时只需要研发其中的一种产品。在选择了其中的一种产品研发后，再决策第二种产品是否研发时，应该考虑该产品研发后是否会增加企业的利润，如果不能，看其替代品销售增加的回报是否能弥补该产品的研发及各项相关费用的支出；如果能提高利润，应将增加的销售带来的回报与成本对比、权衡，有利则研发，无利不研发。该回报包括增加的利润、广告费的节约及更易争抢市场老大的好处等；相关成本费用包括产品研发费用、折旧费用、维护费用以及在研发过程中所发生的各种借款的利息费用之和。企业要选定一款产品作为自己刚进入市场的基础，这个产品就是P1，每个队伍第1年都在抢它的订单，这无需多言，同时企业还要选择好一款产品作为自己后期的主要利润来源，这款产品首先利润要高、市场需求量要大，其次价格要稳定，市场需求不能大起大落，这款产品根据市场预测表决定。

产品上线的最佳时点就是产品研发和生产线铺设同时完成。举个例子：P4产品研发需要5个季度，全自动线铺设需要3个季度，那么P4产品应在第一条P3全自动线完成铺设之前的3个季度开始研发，假如第1年第四季度开始研发P3产品，那么在第2年第二季度开始铺设P3产品的全自动线，在第2年第四季度同时完成P3产品的研发与P3产品全自动线的铺设，第3年第一季度可以开始生产P4产品。当然，需要注意在第2年订购P4产品所需的原材料。

五、产品生产规划

企业的产品开发出来以后，必须投入生产才能产生效益。这就涉及产品什么时候生产、生产多少的问题。一般情况下，只要企业的资金许可，就不应当停止产品的生产，即使当期产生库存，可以在后期通过扩大的市场需求销售出去。

企业在进行产品生产规划时，首先应考虑生产单位产品毛利润高的产品，如果各种产品单位毛利润比较接近，应当选择生产占用资金少的产品。其次，还应当考虑资金面的状况。在企业经营的前期，往往资金面紧张，一般不宜生产占用资金多的产品；在企业经营后期，如果资金宽裕，应尽可能生产单件产品毛利润高的产品，这样才能保证利润的快速增长。

六、各年短期战略决策的侧重点

在模拟运营过程中，针对不同时期，每一年还应该有短期战略决策的侧重点。

第1年：企业的起步阶段，主要注重企业资产的投资（包括厂房、生产线、市场开拓、产品研发、ISO认证等）、权益的控制及长短期贷款的融资等。

第2年：企业的初期扩张阶段继续追加各项投资，与第1年相似。

第3年：生死存亡的一年，在这一年中首先要特别注意现金流不能断裂，各项投资一定要做好预算；其次要注意控制权益，一定不能降为负值，如果有降为负值的风险则要削减费用，比如产品研发，市场开拓，ISO认证等。

第4年：顺利度过第3年就迎来了黎明，资金压力稍缓，此时重点应放在生产线扩张上，为后两年销售腾飞打好基础，但也应适当注意控制费用。

第二节 财务预算策略

沙盘模拟经营中,财务预算是非常重要的。精确的财务预算反映了企业的业务计划,实际执行过程中只需要按计划(预算)进行即可。所以,凡是优秀的团队,无不是将财务预算做到极致的团队。这是企业取胜的利器和法宝,要引起高度的重视。一般来说,企业经营之前,要拿出时间来做预算,预算编制好了,操作就变得异常简单了。要做好财务预算,最直接的方式就是编制现金预算。

一、财务预算的好处

财务预算最大的好处就在于使企业在运营中现金流的收支处于掌控之中。广告费的投入,生产线的投产,新产品的开发,原材料的购买等一切都离不开现金。因此,对于现金问题应该一开始就做一个精细全面的预算。否则,企业会面临资金链断裂、成本加大、其他经营环节受牵连,甚至破产的险境。财务预算的好处主要表现在:

第一,可以知道各季度需要的借贷额,以此进行贷款;
第二,可以减少对流动资金的需要,节约财务费用;
第三,可以避免停产和断流等情况;
第四,可以全面了解企业的财务情况,做出与财务相一致的投资决策。

二、企业筹资方式

企业经营,现金为王。经营过程中,如果出现了现金断流而又不能筹集到资金,则意味着破产。所以,企业在追求利润的同时,应当充分考虑到资金的情况,既要最大限度地利用资金,发挥资金的作用,达到资产保值增值的目的,同时,又要考虑到资金使用不当给企业带来的风险。为此,要科学合理地使用资金。

当企业资金断流时,可以通过不同的途径筹集资金,使企业度过暂时的资金危机;同时,企业也可以在不同的阶段,利用不同的资金筹集渠道筹集资金,为企业的快速发展提供物资上的保证。企业筹集资金的途径很多,包括贷款、出售厂房、贴现、出售生产线、借高利贷等,但由于每种方式各有特点,所以在使用时应区别对待。

1. 贷款

贷款是企业筹资的主要方式,通过贷款,企业可以解决资金短缺的困难,同时,如果企业资金运用合理,还可以取得远高于贷款利息的投资回报。所以,企业应当考虑适度的贷款。贷款包括长期贷款和短期贷款,长期贷款贷款期限长,短期内没有还款的压力,但利率较高,筹资成本高,一般适用于固定资产等长期资产的投资。短期贷款利率相对较低,但期限短,还款压力大,特别是在企业的所有者权益逐年降低而规则又不允许转贷的情况下,风险较大。一般适用于解决流动资金不足,比如购买原材料、支付加工费等。总的来说,贷款是企业筹集资金首先应考虑的方式,在不能贷款的情况下,再考虑其他的筹资方式。

2. 出售厂房

出售厂房可以筹集资金，但要在每年年末支付租金，所以，这种方式是在不能贷款的情况下考虑。出售厂房收到的是 4 个账期的应收款，不能在当期取得现金，所以，要提前考虑资金的需求情况，提前出售，否则，如果将出售厂房的应收款贴现的话，使用成本太高。一般情况下，出售厂房有两种情况，一种情况是主动出售，即在市场状况良好的情况下，企业资金筹集困难，但有比较好的发展前景时使用。另一种情况是被动出售，即当企业出现了现金断流，为了防止破产，不得已而采用这种方式。但这种被动出售对于企业是非常危险的。

3. 贴现

贴现是企业常用的一种筹资方式，这种筹资方式时间灵活，可以随时贴现。但贴现时需有应收款，而且使用成本高，所以，企业一般在资金非常困难，确实无法度过难关时采用该方法。

4. 出售生产线

出售生产线是指由于资金严重短缺而被迫出售正在使用的生产线的一种筹资方式，应该说是一种无奈的选择。企业出售的生产线，只能按残值出售，如果生产线净值远大于残值，企业出售生产线损失很大。而且，出售了生产线，意味着企业的生产能力下降，收入降低，对企业不利。所以，这种方式，除非不得已的情况下，一般不宜采用。当然，企业也可能根据规划要更新生产线而出售旧生产线，这种情况不包括在这里。

5. 借高利贷

借高利贷筹集资金，期限短、利率高，而且在计算最终成绩时还会扣分，所以，该筹资方式一般不轻易采用。但是，如果企业已经由于资金短缺面临破产倒闭，借高利贷缓解资金压力，也是帮助企业暂时度过难关的一种筹资方式。

三、企业筹资策略

1. 长期贷款

在沙盘演练中，当公司需要长期资金时，可以有两种选择，第一种可以叫做保守型，这种观点认为在第 1 年年末应当适度贷款，数量上够第 2 年的年初经营就行，而不必将所有者权益规定的额度全部贷满。如果贷满，就将面对今后 5 年，每年 180W 的"巨额"利息费用支出问题，以及最后一年的巨大还款压力（1800W），从而直接造成所有者权益大幅下降。保守型还认为应当在第 2 年年末的时候根据当时的形势再借长贷，并且有效控制其金额，或者理性地选择借短贷和贴现，这样就不会造成今后 5 年，年年为银行打工的惨痛结果。另一种可以称之为激进型，此观点认为，第 1 年就应该将所有者权益范围内的长贷全部贷满，以备今后几年的现金流流出。根据以往参赛经验来看，后一种观点更值得认同，即在第 1 年年末将所有者权益范围的长贷全部贷满，这样做是有充分理由的。首先，长期资金的主要目的是投资生产线，扩大产能，而在沙盘比赛里，要取得决定性的胜利，扩大产能是必要的。如果在第 1 年不借入长贷，那么第 2 年内产能的扩大就要靠短期资金的支持，这在财务上是致命的。另一方面，为了第 2 年借长贷，势必会限制第 1 年生产线的投资，以避免所有者权益的大幅下降，导致第 2 年无法借款，那么保守型的组就等于比激进型的组晚起步 1 年，即投资晚开始 1 年，那么产能上势必无法与激进型的组相比，自然也就会影响到市场拿单，进而影响销售收入。至于保守型顾虑的每年 180W "巨额"利息的问题，实际操作时发现：由于产能增大所带来的销售收入的增加，使得利息的偿还完全不具有风险。只要公司在以后年度内不出现重大经营失误，第 6 年年末的还款，是能够轻松实现的。长期贷款一般主要是用于企业的固定资产、无形资产投资，即回收期限比较长的投资。借贷金额以 10N + 4 为最佳（N 为整数）。

2. 短期贷款

短期贷款主要是为满足流动资产投资和企业日常经营的需要，借贷金额以 20N + 9 为最佳，且尽量分散在 1 年的 4 个季度中，且只要够用，贷款时间尽量推后，只要权益有保证，就提前一季度借新的短贷归还到期短贷，从而保证以贷还贷策略的实施。沙盘演练中，当公司需要短贷时，采取的策略就是充分利用短贷的灵活性，不多贷短贷，够用即可，即企业每一季度进行短期贷款后的自有现金流都需满足本季度的日常经营和下一季度的还贷即可。因为短贷是为了弥补企业流动资金不足而设的，除非有次年权益下降导致实际贷款额超出界限等紧急情况出现，否则不要贷多。

那么何谓"够用"？即每季的季初现金加上本期短贷资金应当能够维持到更新应收款之前的支出，而更新应收款之后，季末的现金应当够归还下季季初要还的短贷本息。若余额不够下季运营，还可再贷。另外短贷的申请应当根据企业资金的需要，分期短贷，不要挤在一个季度，这样可以减轻企业的还款压力。

财务总监在制定融资计划时，应当注意债务期限的配比问题，即长短期借款的合理搭配。在阅读比赛规则的时候应当注意到，长期贷款的利率要高于短期贷款，于是，在实际经营时，有些团队是出于节约财务费用的考虑，在选用融资方案时，采用的是短期贷款。虽然，适当的短期贷款可以降低总的融资成本，但是如果短期贷款的量过大，会使企业在整个运营过程中财务流动性不足，财务稳定性下降。所以，这些团队的融资决策总是导致 6 年的经营跌入借新债、还旧债的死循环，偶尔还要通过贴现或借高利贷渡过难关，同时这个不合理的财务决策还可能导致企业最终资金链断裂，面临破产的危险。

长期资金和短期资金的筹资速度、筹资成本、筹资风险以及借款时企业所受的限制均有所不同，那么，如何做到长短期融资的匹配呢？财务上有条原则，一定不能用短期负债解决长期资金的问题。从定义上可以看出，长期债务指一年以上到期的债务。一般而言，长期债务通常用来投资固定资产，如厂房、设备等；而短期资金的借入通常是用来支付短期资产，如存货和应收账款等。当存货售出或应收账款收回时，短期负债就被偿清。

当长短期借贷款的总额是企业所有者权益的一定倍数时，企业应先预计前几年各年需要的贷款总额及当年的所有者权益，如果某一年的贷款额度不能满足企业所需要的贷款总数时，就需要企业在前些年有贷款额度时多贷长期贷款，如果其超过贷款的额度，可适量的用长贷，部分用短贷。

3. 贴现

贴现是企业的融资方式之一。有时候，因为现金流产生突然的缺口，而又无法用贷款的方式进行融资时，就需要提前将应收款变现。在沙盘模拟经营中，若提前使用 3Q 或 4Q 应收款，必须按 7:1 的比例提取贴现费用。只有有足够的应收账款，才可以随时贴现。但是应当按需贴现，不多贴，而且有选择地进行贴现。在选择贴现的应收款时，应尽量选择离贴现时点远的应收款，因为短账期能够在近期收现，有效的节约融资费用，以避免下次因现金流的断流而产生的再次贴现。

一般是首选账期较长的应收账款贴现。对于应收账款期限相同、金额不同的,应根据财务的需要,选择贴现后恰好能满足现金缺口的应收账款进行贴现;对于应收账款期限不同而贴现费用相同的,应选择账期较长的贴现。

四、编制现金预算要做的基础性工作

在企业沙盘经营中,要编制好现金预算,应当做好以下基础性工作:

1. 预计各季度的现金流入

企业的现金收入来源主要是销售产品收到的现金,除此以外还包括出售厂房、生产线收到的现金等。沙盘企业中,销售产品一般收到的是应收款,应在以后的某个季度收到现金。企业可以根据产品下线情况,结合订单情况,明确每个季度的产品销售收入以及对应的账期,从而明确每个季度有多少应收款到期,收到多少现金。同时,企业在事先规划时,可以明确出售生产线的时间,从而确定现金流入情况。

2. 明确各期应支付的固定费用

沙盘企业的固定费用包括管理费、广告费、设备维护费、厂房租金等。这些费用基本上在年初就能明确地确定下来。

3. 编制"生产计划及采购计划",确定企业在各期应投入的产品加工费

在每一年年末,企业已经基本明确了第2年产品的生产情况,包括投产的产品品种、投产数量和投产时间,企业可以根据这些资料明确各期发生的加工费支出。当然,为了防止差错的发生,企业在经营时,应当借助于"生产计划及采购计划表"来进行排产,确定出各期产品的投入和产出情况。

4. 编制"采购及材料付款计划",确定出各期应当支付的材料采购费

材料采购对于企业是很重要的一个环节,要采购材料必然涉及采购费用的问题,企业应当根据"生产计划及采购计划表"编制"采购及材料付款计划",从而确定出各期应当支付的材料采购费用。

5. 根据开发或投资规划,确定出各期开发或投资的现金流出

企业的开发或投资规划草案可以在编制现金预算之前作出,也可以结合编制现金预算同时作出。如果事先已经编制了开发或投资预案,则应当测算出该开发或投资所需要的现金,并通过编制现金预算表来测算是否能在资金许可的范围内。

企业的各种开发和投资规划应当在现金允许的范围内进行,否则,就可能导致出现现金断流的危险。所以,从这个角度来说,企业在进行开发和投资规划时,应当充分考虑现金预算,当某种开发或投资发生现金支出后,如果出现了现金危机,而且这种危机不能通过其他融资途径来解决,或者虽然能通过其他途径来解决,但带来的风险很大,这种情况下,就应当暂时停止该项开发或投资。

6. 确定现金短缺和不足,及时筹集资金

在明确了每个季度的现金流入和现金流出情况以后,就可以确定每个季度的现金短缺或盈余。如果现金短缺,就应当考虑如何筹集资金,解决资金缺口的问题。

五、编制现金预算的工具

扫码阅读：三木工具表

第三节 市场营销策略

企业的产品生产出来以后，如果没有及时销售出去，就不能取得收入，而且垫支的资金也不能收回，影响企业的现金流量。所以，企业如何将产品以最好的价格、最快的时间销售出去成为企业重点考虑的一个问题。

产品销售，面对的是一个变化而且充满竞争的市场，很多方面都存在不确定性，所以对市场的研究和把握非常重要。一般而言，在营销环节，应做好市场预测、制定科学合理的广告投放、科学地拿单、科学地交单等工作。具体而言，应注意以下几个方面的问题：

一、准确预测市场，合理预计销售订单

市场预测是整个战略计划的关键所在，正确分析市场容量、市场需求导向、市场盈利空间等问题，才能正确指导同学们完成生产排程、融资方式、广告计划、财务分析等。可以说，市场预测是一切 ERP 沙盘的运作前提。

分析市场预测时，第一步，将见到的"市场预测图"数字化。下面以用友 U8 本地市场为例来说明，如图 6-1 所示。

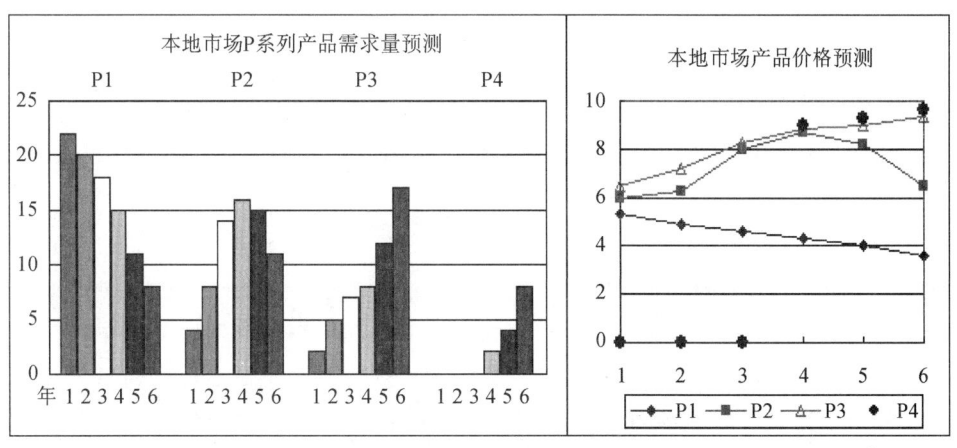

图 6-1 本地市场需求量与价格预测

经数字化处理后，可得到表 6-2 和表 6-3 的内容。

表 6-2　　　　　　　　　　本地市场 P 系列产品需求量表　　　　　　　　　单位：个

项目	第1年	第2年	第3年	第4年	第5年	第6年	合计
P1	22	20	18	15	11	8	94
P2	4	8	14	16	15	11	68
P3	2	5	7	8	12	17	51
P4	0	0	0	2	4	8	14

表 6-3　　　　　　　　　　本地市场 P 系列产品价格表　　　　　　　　　单位：W

项目	第1年	第2年	第3年	第4年	第5年	第6年	平均值
P1	5.3	4.9	4.6	4.3	4.0	3.6	4.5
P2	6.0	6.3	8.0	8.7	8.2	6.5	7.3
P3	6.5	7.2	8.3	8.8	9.0	9.4	8.2
P4	0.0	0.0	0.0	9.0	9.3	9.6	9.3

第二步，根据已经列出的一系列数据，可以从表中分析出如下关键点。

1. 市场需要何种产品组合，数量各是多少

本例中，从表 6-2 可见，市场对 P1、P2、P3、P4 的需求量逐渐递减。P1 在第 1 年和第 2 年需求量较高，P2 从第 3 年开始逐渐达到销售高峰，P3 在最后两年销售量攀升，P4 产品市场需求量少，并且前 3 年没有市场。根据以上数据可以初步判断 P1、P2、P3 可以作为主打产品生产，并且不同年份产量各有侧重，P4 产品可以少量生产。

2. 从第几年开始需求新产品，第几年产品需求量最高

从图 6-1 可以分析出以下几点：

（1）虽然 P2、P3 产品在第 1 年也有市场需求，但是由于存在研发周期等因素，第 1 年的市场需求为无效需求；

（2）P2、P3 的销售高峰不同，P2 产品可以第 1 年就开始研发，第 2 年即可少量销售，且能赶上第 3 和第 4 年的销售高峰，大量销售 P2 产品；

（3）P4 产品在前 3 年没有市场需求，因此，P4 产品如果需要研发，其研发时间可以推迟，只要保证第四年能够生产即可。

3. 哪种产品的销售价格最高，哪种产品的毛利最大

从表 6-3 中可见：

（1）P2 的销售价格与它的销售高峰期一致，在第 3 年和第 4 年也同样达到了销售价格最高，即毛利最大；

（2）虽然在第 4 年开始 P4 产品有市场，销售价格却与 P3 相差无几，可是 P4 产品的成本较 P3 大，导致 P4 实际利润较低。

在分析时，要注意有的产品利润浮动很大，比如说在前期利润低后期利润高，或者前期利润高后期利润低，或者两头利润高中间利润低的，这时要注意产品搭配转型，比如在第 4 年 P3 的价格开始增长，那么就可以考虑在第 2 年的时候把 P3 研发出来。

4. 市场是否需要特殊认证，如 ISO 9000 或 ISO 14000

从本地市场无法看出特殊认证的问题，但是如果后几个市场对 ISO 要求较高，则需要考

虑从哪一年开始开发认证比较恰当。

5. 分析市场订单数量及整体人均产能

市场预测一般会给出订单数，我们将订单数量和需求量结合起来，可以大致分析出产品市场都是怎样的订单。根据需求量/订单量得出这个市场的订单最大有几个产品，最多有几张大单。同时也要分析每一年市场每个人平均可以分到多少个产品。一般来说，平均产能大用大方案，平均产能小用小方案。这个能解决很多人不知道用几条生产线开局的问题。

6. 选择合适的产品

选择产品时，当我们碰到竞争十分激烈的市场时，要尽量避开，如利润高，数量一般的产品市场就是竞争激烈可能性最大的市场。实际上不管是多打广告，赚取高利润的产品，还是少打广告，争取低利润的产品，企业最后能赚取的利润都是差不多的。当然当企业面临数量需求相差不大，但利润相差较大的产品时，应选取利润高的产品。

分析好市场，定好产品和生产线的搭配之后便要认真做方案啦，用方案来推市场，建议最少做 4 年方案。

当然在分析市场时，每个人都会有不同的思路，其中有很多技巧性的东西也是只可意会不可言传，在不同市场回答以上几个关键问题后，同学们基本可以确定哪些市场需要开发，何时开发才能够赶上销售高峰以及 ISO 是否认证等问题，完成上述市场预测分析有助于我们完成接下来的生产、融资、广告计划等。

在实际生活中，企业要准确预测市场需求是非常困难的。沙盘企业中，由于给出了较为准确的市场预测图，所以，企业应当对市场预测图进行充分的分析，分析各个市场上产品的预计销售数量、预计销售单价、有无销售条件的限制等。然后，为了能准确地进行广告投放，应初步预计可能的订单数量。

在进行市场预测时，为了便于了解各个市场的情况，可以制定"市场需求预测表"（表 6-4）来进行分析。

表 6-4   市场需求预测表

市场	第　　年		
	产品	预计总需求量	预计单价	预计订单量
	P1			
	P2			
	P3			
	P4			

二、收集竞争对手资料，做好商业间谍

俗话说：知己知彼，百战不殆。企业经营，面对的是一个充满竞争的市场，企业应对竞争对手进行充分的了解，根据对手的市场开发、预计产品可销售量、资金状况等方面信息，分析对手可能的市场策略。

在每一年经营年末，第 2 年参加订货会之前，有一段间谍时期，供各企业用来了解竞争对手基本情况，对一个企业来说，做好商业间谍有以下三点有利之处：

（1）统计出竞争对手的基础资料，有利于了解、分析和研究竞争对手，注重主要对手，

适当关注对手；

（2）统计出竞争对手各种产品的产量、市场开拓及 ISO 的认证情况，有利于了解竞争对手的投资策略、发展思路和发展潜力；

（3）对竞争对手各方面的分析，有利于本企业更有针对性地进行投资、生产、开拓、认证及销售决策。例如，在制定广告策略时，根据竞争对手的产能，可分析出整个市场的供给情况，根据市场供求状况，选择有利于本企业的市场多投放广告费以销售更多的产品。这样，一方面节约了费用，另一方面又能拿到价格较高的订单。

由以上分析可知，间谍工作可以给本企业带来诸多好处，那么接下来的问题就是如何做好商业间谍了。

第一步，竞争对手的数据统计。

一般来讲，制作一张全面的具体的间谍表是一个好方法。表 6-5 是一个间谍表实例，以一个小组为例。

表 6-5　　　　　　　　　　　　　　间谍表

小组		A					
年份		第1年	第2年	第3年	第4年	第5年	第6年
生产线	手工						
	半自动						
	全自动						
	柔性						
产品	P1						
	P2						
	P3						
	P4						
原材料	R1						
	R2						
	R3						
	R4						
市场开拓	本地市场						
	区域市场						
	国内市场						
	亚洲市场						
	国际市场						
ISO	9000						
	14000						
现金							
贷款	长贷						
	短贷						
	高利贷						
应收账款（账期）							

在具体实施时,首席执行官负责相关财务数据的统计,管理好各小组现金、往来款项(应收账款)及银行的长、短期借贷情况;市场总监负责统计各产品研发、市场开拓及 ISO 认证情况;采购总监和生产总监负责各小组各产品产能的计算,统计出各产品的供给量和所有产品的总供给量;财务总监留守盘面,一方面不让其他间谍人员随意更改本组的盘面,另一方面保持清醒头脑,为即将迎来的预算做好准备。

各成员分工收集其他对手盘面信息,最终汇总,便于统一分析。

第二步,通过分析统计资料,分析和研究竞争对手。

首先,企业可以了解竞争对手的主打产品、附属产品以及其产能,然后依据竞争对手的市场开发、ISO 认证情况,初步分析出竞争对手的发展方向,即竞争对手的战略,这样就可以做到有的放矢,用尽可能少的广告费用拿到尽可能多的订单。其次,根据竞争对手、应收账款的数量和期限以及现金状况,分析出竞争对手的财务状况是否良好,是否有发生现金断流的危险。再者,根据竞争对手的厂房设备状况可以知道公司的产能状况和发展潜力,有助于本公司调整自己的发展战略。最后,根据竞争对手的原材料的订单情况,可以大致推算出竞争对手接下来要生产哪些产品,有助于调整本公司的生产计划。

三、分析竞争对手

通过分析对手的市场开发情况,明确各个市场的竞争状况,可以避免浪费广告费。比如,在某年只有本组和 D 组开发了亚洲市场,而在亚洲市场如果某种产品需求量远大于或接近两个组的产量,那么在亚洲市场就没有必要投放过多的广告费。对手的市场开发情况一般可以在市场调查时获得。

通过对对手的产量情况进行分析,可以看出各种产品在市场上的竞争激烈程度。比如,在第 2 年,各个对手都在生产 P1,并且大多年初都有库存,而在第 2 年市场只有本地和区域市场,那么,各个对手对于 P1 的争夺一般会比较激烈。这种情况下,从稳健的角度出发,企业不应过多地在各个市场投放广告,而应将重点放在自身的积累上,力争在每个市场取得一张订单就可以了。也就是说,不一定要得到最好的结果,但一定不要得到最坏的结果。对对手的产量分析,可以从对手的生产线、产品开发、资金状况等方面进行分析。可以设计一张"产品产量预测表"(表 6 - 6),并将分析的结果填制在预测表中。

表 6 - 6　　　　　　　第　年各组产品产量预测表

产品名称		A 组	B 组	C 组	D 组	合计
P1	期初库存					
	预计完工					
	合　计					
P2	期初库存					
	预计完工					
	合　计					
P3	期初库存					
	预计完工					
	合　计					

续表

产品名称		A组	B组	C组	D组	合计
P4	期初库存					
	预计完工					
	合　计					

通过对竞争对手的资金情况进行调查，可以分析对手在广告投放上最大可能的投放量，有利于企业合理制定广告费投放策略。这里在分析对手的资金状况时，包括企业年初的库存现金、应收款以及企业上年末的所有者权益。因为应收款可以随时贴现，如果不考虑应收款贴现的问题，就可能导致分析失误。同时，因为企业需要资金周转，不应该全部将资金投放在广告上，如果企业将资金全部投放在广告上，下年在开始运营时就必须筹集资金。而年初筹集资金，根据运营流程一般是借入短期贷款，要借款就必然要考虑上年的所有者权益和已有的贷款额度。所以，在分析对手的资金情况时，还应当考虑对手的所有者权益情况。

在模拟经营第1年，由于各个企业都处于起始阶段，所反映出来的信息是有限的，各企业搜集信息的手段也是有限的。在这阶段主要通过间谍来了解企业经营的信息，确定竞争对手。随着模拟经营的深入，信息增多，对竞争对手的分析，主要包括如下内容：

1. 分析竞争对手的长远目标

对竞争对手未来目标的分析与了解，有利于预测竞争对手对其目前的市场地位以及财务状况的满意程度，从而推断其改变现行战略的可能性以及对其他企业战略行为的敏感性。我们需要了解竞争对手追求的市场地位总体目标，是希望成为市场的绝对领导者，还是行业的领导者之一，或是一般的跟随者、竞争参与者、后来居上者？

2. 分析竞争对手的现行战略

对竞争对手现行战略的分析，目的在于揭示竞争对手正在做什么和能够做什么。这主要包括以下几个方面内容：

（1）竞争对手的市场占有率如何？产品在市场上是如何分布的？采取什么样的销售方式？采用的是何种销售渠道？

（2）竞争对手的产品研究开发能力如何？投入资源如何？

3. 分析竞争对手的潜在能力

对竞争对手潜在能力的分析，是竞争对手分析过程中的一项重要内容，因为竞争对手的目标、假设和现行战略会影响到竞争对手对其他企业战略行为作出反应的可能性、时间选择、性质和强度。而潜在能力将决定它发起进攻或反击战略的能力以及处理所处环境或发生事件的能力。这主要包括以下内容：

（1）核心能力。竞争对手在各个职能领域内的潜在能力如何？最强之处是什么？最弱之处在哪里？随着竞争对手的成熟，这些方面的能力是否可能发生变化？随着时间的推移是增强还是减弱？

（2）增长能力。竞争对手在人员、技术、市场占有率等方面有增长能力吗？从产能方面、对外筹资方面来看，竞争对手是否能够保持持续增长？

（3）快速反应能力。竞争对手迅速对其他公司的行动作出反应的能力如何？这种能力主要由以下因素决定：预留借贷权、厂房设备的余力、定型的但尚未推出的新产品等。

（4）持久力。竞争对手维持长期较量的能力如何？为维持长期较量会在多大程度上影响收益？

在 ERP 沙盘模拟经营中，主要关注同产品的竞争对手。而这些产品正是本企业的主打产品，或是企业正在开发的新产品，或是企业未来的主要产品。在充分掌握竞争对手相关信息之后，需要对这些信息进行处理，加以整合，获知竞争对手发展策略以及行动，以做出最适当的应对策略。

对竞争对手的解读，主要通过分析其综合费用表、利润表、资产负债表以及盘面等信息，来得知该企业现状如何，其下一步会采取什么样的行动，最终会达到一个什么状态。

【例 6-1】 某企业第 3 年综合费用表、利润表、资产负债表、广告投放情况表、企业盘面信息表，见表 6-7 至表 6-11。

表 6-7　　　　　　　　　某企业第 3 年综合费用表（简表）　　　　　　　　　单位：W

项　　目	金额
管理费	40
广告费	150
维修费	60
租金费	
转产费	
市场开拓费	10
ISO 认证费	30
产品研发费	
损失	
合计	290

表 6-8　　　　　　　　　某企业第 3 年利润表（简表）　　　　　　　　　单位：W

项　　目	金额
销售收入	1270
直接成本	600
毛利	670
综合费用	290
折旧前利润	380
折旧	90
利息前利润	290
财务支出	90
税前利润	200
所得税	
净利润	200

表6-9　　　　　　　　　　　　某企业第3年资产负债表（简表）　　　　　　　　　　　　单位：W

项　目	金额	项　目	金额
流动资产：		负债：	
现金	320	长期负债	400
应收款	520	短期负债	800
在制品	150	应付账款	
成品		应交税费	
原料		一年内到期长期负债	
合计	990	合计	1200
固定资产：		所有者权益：	
土地建筑	300	股东资本	600
机器设备	360	利益留存	-200
在建工程	150	年度净利	200
合计	810	合计	600
资产总计	1800	负债和所有者权益总计	1800

表6-10　　　　　　　　　　　　某企业第3年广告投放情况表

产品/市场	本地	区域	国　内	亚洲	国际
P1					
P2					
P3					
P4	4	5	6		

表6-11　　　　　　　　　　　　某企业第3年盘面信息表

组名	生产线1	生产线2	生产线3	生产线4	生产线5	生产线6
	全自动/P4	全自动/P4	全自动/P4	全自动/P4/3Q		
	生产线7	生产线8	生产线9	生产线10	小厂房	大厂房
					购买	
	P1研发	P2研发	P3研发	P4研发	ISO 9000	ISO 14000
				完成	完成	1Y
	本地	区域	国内	亚洲	国际	库存
	完成	完成	完成	完成	1Y	
	长贷	短贷	应收款	现金	广告	
	400W	每季度各200W	2Q，520W	320W	150W	

1. 分析产能情况

根据盘面信息可知，该企业有3条全自动生产线已经建成，全部投产P4产品，另外还有1条全自动生产线已经投资了3个季度，零库存。

解析：同产品下一年度产量计算公式：下一年度产量=本年度建成该产品生产线的产量+下一年度建成该产品生产线产量+本年度该产品库存（柔性生产线要考虑的是一个产量范围。最大产量为所有柔性生产线全部生产该产品，最小产量为所有柔性生产线均不生产该产品)。

根据规则,1条全自动生产线1年全产能生产出4个产品,那么3条全自动生产线在第4年全产就能生产出12个产品。而已经投建3个季度的全自动生产线在第4年第一季度可以建成,并且可以开始生产,第4年全产能够生产出3个产品。在第3年零库存的情况下,该企业第4年的总产能为15个P4产品($3 \times 4 + 3 = 15$)。

2. 分析财务状况(贷款、季初现金流压力)

结合资产负债表和盘面信息可知,该企业长期贷款总额为400W,短期贷款总额为800W,剩余现金320W,第二季度应收账款520W,所有者权益为600W。

解析:根据规则,该企业在第4年年初需支付长期贷款利息$400W \times 10\% = 40W$,而第3年年末剩余现金为320W,则第4年年初剩余现金为280W。这280W的现金主要是预留给广告投入的,也就是在现有剩余现金的情况下(不考虑贴现),该企业广告投入最多可以达到280W。此外,该企业还拥有第二季度应收账款520W,如果全部贴现,贴现费用为60W,则通过贴现可以得到460W。因此,如果考虑贴现,该企业在第4年年初广告最大投入金额可达$280W + 460W = 740W$。一般情况下,众多企业第3年广告投入在100W~250W之间,显然该企业不需要贴现也有充裕的现金来投广告。该企业第3年年末所有者权益为600W,根据规则,其第4年所能贷款总额为$3 \times 600W = 1800W$(按权益3倍计算的),而其在第3年的贷款总额为$400W + 800W = 1200W$,因此第4年该企业能够增加的贷款额度为$1800W - 1200W = 600W$。那么该企业在第4年年初,最多可以拥有$280W + 600W + 460W = 1340W$现金。而在第4年年初需要现金支出的固定项目有广告费、短贷利息、原材料费用、人工费用以及管理费用。假设该企业第4年广告投入200W,而短贷利息为10W,原材料费用为160W,人工费用为40W,管理费用为40W,总计为$200W + 10W + 160W + 40W + 40W = 450W$。显然,在第4年第一季度,该企业整体没有现金压力。不过,根据操作规定,只有偿还短贷本息之后,才可以重新申请短贷。因此,新季度开始操作时,需要留足支付偿还短贷本息的金额210W,支付之后才可以再次申请短贷。该企业第4年可行的操作如下:投入200W广告费用之后,申请200W的长贷,则在第一季度初拥有现金280W,可以支付210W的短贷本息,之后再申请200W的短贷,则剩余现金270W,可以支付原材料费用,人工费用以及管理费用。

整年度的现金问题:该企业第4年的销售收入估计在1450W(全部销售的情况,考虑需要进行部分贴现,贴现费用估计为100W左右),加上年初最大可以拥有的现金1340W,则该企业本年度可以运用的现金为$1450W - 100W + 1340W = 2690W$。而第4年需要支出的项目及其金额:广告费用200W,利息80W,原材料费用640W,人工费用160W,管理费用40W,维修费用80W,ISO认证费用20W等,总支出预计在1300W左右。这意味着,该企业在第4年有足够的现金以及应收账款,投建新的生产线,扩大生产规模。

3. 分析ISO认证、市场开发情况

根据盘面信息可知,该企业已经完成了ISO 9000的认证,ISO 14000也已经认证了1年;同时已经完成了对本地、区域、国内以及亚洲市场的开发,国际市场开发了1年。

解析:根据规则,该企业在第4年的广告投放时,可能会涉足本地、区域、国内以及亚洲四个市场。在拿订单上,该企业可以选择有ISO 9000要求的单子,而难以满足ISO 14000要求的单子。此外,国际市场的开发需要4年,该企业到第3年结束才开发了1年时间,即便接下来的3年都继续开发国际市场，到第6年结束才能完成国际市场的开发。由此可见，该企业放弃了国际市场，把本企业产品的销售都瞄准在本地、区域、国内以及亚洲四个市场。

4. 分析风险偏好程度

查看广告投放情况可知，该企业在第3年本地市场、区域市场、国内市场分别投放了40W、50W、60W，总额达到150W。

解析：（附上其他企业广告投放情况，可进行横向比较）根据前面广告投放中的介绍，该企业应该属于风险偏好者，在第4年的广告投放金额应该会有所增长，会加剧P4产品的竞争激烈程度。

5. 预测下一年度权益增长

由以上信息分析可知，该企业第4年P4产量为15个，根据市场的预测价格，可以估计出该企业第4年的销售收入，减去直接成本，可以得出毛利润。通过估计广告费用、管理费、维修费用、租金等，可预测出综合费用。同理也可预测净利润。

解析：该企业第4年总产量为15个P4产品，而该年度单个P4产品的市场预测平均价格为97W，则其该年的销售收入估计为1450W，减去15个P4的直接成本50W×15=750W，那么毛利润为1450W－750W＝700W。

综合费用预测：该年度广告费用为200W，管理费用为40W，维修费用为20W×4＝80W，ISO14000认证20W。如果再投建生产线的话，需要增加一个大厂房的租金费用50W（同时，可能会研发其他产品P1或者P2，产品研发费用为20W～40W之间）。综合费用总计在400W。

净利润预测：毛利润减去综合费用，则折旧前利润为300W，而该企业第4年需折旧3条自动生产线90W，则利息前利润为210W，而第4年该企业最少要支付80W利息，则税前利润为130W，需要支付30W的所得税，则最后净利润为100W。

四、科学制定广告策略

制定广告策略，主要是解决企业在哪些市场投放广告费，在哪些产品上投放广告费以及投放多少的问题。科学合理的广告投放，可以使企业拿到满意的订单而不造成资金的浪费，提高广告收益率，提高资金的使用效率。相反，错误或不当的广告策略不仅会造成资金的浪费，还可能使企业不能拿到满意的订单而造成产品积压，降低当年的收入，影响当年的现金流量。所以，企业应制定科学合理的广告策略。

1. 广告投放的原则

企业在制定广告策略时，应当把握以下原则：

（1）稳健性原则。就是在认真分析市场的情况下，有目的地投放广告，避免由于盲目投放广告而造成资金的浪费。在企业经营过程中，有的年份资金可能相对比较充裕，为了将积压的产品销售出去而大量投放广告，结果导致资金没有达到预期的效果。企业经营，需要科学地对待，应当尽量避免侥幸心理和"赌"的心理。

（2）效益性原则。就是尽可能使广告投入收益最大化。企业投放广告费的目的是销售产品，所以企业在投放广告费时应尽可能使投放的广告产生效益，而且是最大的收益。

比如，企业准备销售6个P1产品，企业有两个市场，如果预计每个市场的订单为6张，而进入各个市场的企业为 6 家，则企业在各个市场投放的广告费最好为 10W～20W，这样基本可以保证每个市场可以拿到一张订单。如果投放过多，势必造成浪费。如果有三个市场进入，则每个市场各投放 10W 即可。

（3）全面性原则。就是企业在制定广告策略时，应充分考虑影响产品销售的各种因素。企业在制定广告策略时，要事先预计市场的销售数量和订单情况、市场的竞争程度、竞争对手可能的市场策略、本企业及对手的资金情况、本企业的重点市场以及企业的实际生产经营状况，包括生产能力、材料供应等因素。只有在充分占有信息并分析信息的基础上，才能作出正确的决策。市场分析是十分复杂而且多变的，为了准确预测市场，必须全面分析。

（4）争取市场领导地位原则。就是在合理的广告投放范围内，对有市场老大的规则，企业应尽量争取取得市场领导者地位。但一定不能为了争取市场老大而大力投放广告费，市场领导地位应当是在企业实力足够的情况下取得的。企业如果产品品种多、产量大，则应利用该优势集中在某市场投放广告费，集中在该市场选单，努力取得市场领导者地位。如果企业的产品品种比较单一，产量又比较小，则应避免为争市场地位而投入过多的广告费。

2. 广告投放应考虑的因素

企业的广告策略应与企业的整体发展战略相一致，在投资广告时，首先应该考虑企业需要实现的销售目标，其次考虑企业广告费用的承受能力，最后考虑财务对销售应收账款收回时期的需要等因素。具体来说，要考虑如下几个方面：

（1）先根据企业各种产品的产能，估计出各种产品需要拿到几张订单（一般假设一张订单销售 3 个产品）；

（2）看市场的供求情况，对某种产品市场需求远大于供给的，可以按要拿订单张数来确定划分几个细分市场，并且少打广告费，但如果需求小于供给，就需要针对其中一个细分市场，多打广告费；

（3）如果考虑在某一市场上争抢市场老大，在这一市场内，对需求多的少打广告，需求少的相应多打，争取每一种产品都能在这一市场上拿到订单，并且拿到好的订单。

3. 广告投放的策略

广告费的数量应依据需要销售的产品数量和市场的需求情况确定，各年各不相同，一般情况下，1～3 年市场竞争激烈，细分市场少，从而每个细分市场上的广告费用就多；4～6 年市场需求比较旺盛，细分市场也多，从而每个细分市场上的广告费用就少。在运营中，对于刚刚进入这个行业的新企业，首先要让顾客了解这个企业的产品及其质量和功能。那么就需要来打广告，确定合适的广告费用和广告规模。第 1 年广告费是最难决定的，因为第 1 年订单很少，大多数队伍只能拿到一张订单，如果能夺得了市场领导者的地位，下一年就能省不少广告费，但是如果投得过多，又没有成为市场领导者，局面就会一下子变得很被动，这是一个多重博弈的过程，准确地揣摩对手的心理显得尤为重要。

广告投放的思路：首先需要预算出明年如何卖产品，然后再根据预算将产品分配到每一个市场，每一个市场需要投放多少的广告才能消化这么多产品。在估算每个市场需要卖多少产品时，需要看的是该市场的订单数、需求量以及卖这个产品的组数，如果发现某个市场的订单数大于卖这个产品的组数时，那么这个市场就会有二轮单出现，此时便要思考是否需要把握这个二轮单、拿到这个二轮单所需要付出的广告额以及将这个广告分一部分到另外一个市场时的效果，权衡多方面之后再做决定。每个市场拿的个数，用总量除以订单数就是每个单的均量，如果你的广告额是靠中间的位置，那么你拿的数量差不多也是平均水平，广告额靠后可能就会低于平均的订单量。

要将广告投放得既经济又有效，一般的策略如下：

(1) 关注市场。我们去做沙盘，要实现的是精准，即一切用数据来说话。通常，在拿到一份市场预测和规则后，我们不是看心情好坏来选择产品类型，确定开局的方案。而是利用图表工具将纯数据（产品均价，需求量，订单数，竞单）转化成直观的图表，分析在不同年份，每种产品在不同市场的需求和毛利，市场高利润的金牛产品是哪些，市场上每年的平均产能是多少，据此来为我们做方案提供帮助。

(2) 分析计算自己企业的产能。对于自己企业的生产线，每年能产下多少数量的产品，固定品种的产品产能是多少，浮动（可变品种）产量的上限和下限是多少，营销总监与生产总监要沟通好。投放广告时，我们要根据市场的年平均产能大小，来安排自己的产能。当产能高于市场要求时，就意味着需要投放较高的广告来保证产品不库存，或者减少库存；相反，就可以节省广告费用。

(3) 分析自己企业的资金预算结构。对于长期贷款比较多的企业，每年年初需要支付利息费用，加上上年支付过管理费、维护费等，在现金上对广告不会留出太多的预算。另外，当出现应收账款周转不及时、刚开始铺设生产线、有产品库存等情况时，是压缩广告投放规模，还是靠应收账款贴现，继续实行轰炸式的广告投放策略，营销总监需要与财务总监、CEO进行沟通，对市场进行再分析，对对手进行再分析，最终确定策略。

对于短期贷款较多或者长短贷结合的企业，年初的现金压力不是很大，因为这个压力已经分散到各个季度中去了。对于每个需要还短贷的季度，现金都有要求，因此对订货会上的订单选择要求就高了，对应收账款的管理要求也高了，营销总监和财务总监要多交流，在能还清当年第一季度短贷的情况下尽量要求多预算广告费用。

(4) "吃透"规则。根据沙盘的选单规则"选单时首先由上一年该市场的市场老大优先选单，然后以本市场本产品广告额投放大小顺序依次选单；如果两队本市场本产品广告额相同，则看本市场广告投放总额；如果本市场广告总额也相同，则看上年本市场销售排名；如仍无法决定，先投广告者先选单"，我们可以在省广告费的同时，和竞争对手比，拿到更加好的订单。在打比赛投广告的时候，如果说在各个市场产品的利润变化不大，可以将广告集中在某一两个市场上投放，来充分发挥选单的第三条规则"广告费相等的情况下，看整个市场的广告总额来排名"的作用。因为这样投放，在当你和对手投了相同的某产品广告费时，由于该市场整体广告费比较多而先选单。

(5) 市场老大（对有市场老大的规则）。指该市场上一年度所有产品总销售额最多的队为该市场的老大，有优先选单的权利。在没有市场老大的情况下，则根据广告费多少来决定选单次序。我们在做沙盘的时候，相信大家都见到过为了拿到市场老大在第2年猛砸广告费的情况，因为一旦你拿到某个市场的老大，可以大大节省后期的广告费用。但是，有些人存在这样的认识误区：不理性地争夺市场老大，盲目增加广告费。其实，抢市场老大比较的是所有产品的总销售额，而非一个产品单一的销售量。

到底应不应该抢市场老大？这是一个博弈的点。做沙盘靠的是用数据说话，做决定。夺得市场老大固然好，最明显的作用是节省广告费用。但是，争夺市场老大应该根据自己的产能来定，产能比较小的时候，抢市场老大不是十分必要。

(6)分析对手的风险偏好。在没有市场老大的情况下,前几年广告投入很多的队伍往往会后劲不足,这是对市场分析不深造成的。从第4年开始,每一年的广告都很关键(当然,生产P4、P5的企业,可能会提前到第3年),这个时候就要注意分析前几年广告投放比较好的队伍的广告投入产出比,投入产出比低的那些企业基本已经进入了恶性循环,在分析其现金后可以判断他们各自的风险偏好。

(7)奇偶数广告费。广告费用选择奇数还是偶数也是一种策略。一般来说,投奇数广告费的队伍比投偶数的多,如30W这个数的广告费最容易出现。在竞争激烈的市场中多投1W的广告费,基本可以保证拿到订单或者拿到效益好一些的订单。到后几年,在现金流宽裕的情况下,要尽量加大广告投入,那时广告费奇偶数的影响已经没有准确选择市场重要了。

ERP沙盘模拟经营的经验告诉我们,广告投放要立于不败之地,就要做到"准""狠""快"。"准"就是对广告的投放力求做到少浪费;"狠"就是力求对广告进行集中投放;"快"就是力求在广告投放的前几年抢占先机。

经过以上分析,市场总监使用广告费的宗旨为:运用最少的资金,合理安排广告费在各个市场的分配,尽可能多的销售产品。当然也可根据不同的营销目的,完成广告费的分配,具体分析如下:①若想成为某个市场的市场老大,可以集中在一个市场多投广告费,多销售产品;②若要最大可能地销售库存产品,可分散投资,在每个市场都销售产品;③若想获得更多的毛利,可选择市场价格高的市场,多投广告费,尽量拿到毛利大的订单。

市场总监除了完成合理的广告费分配外,还应该根据不同的财务需求选择销售订单,具体分析如下:①数量大的订单能够销售库存产品,保证资金回流;②价格高的订单,毛利大,对提高所有者权益贡献大;③应收账期短的订单,有利于资金快速回流,缓解现金压力。

因此,在打广告选择订单时,应当根据当时财务状况,若现金紧张,应首选账期短的订单;若需要提高所有者权益,获得更多的贷款,则应优先选择价格高的订单;而在资金不紧张、对所有者权益影响不大的情况下,则应以最大销售量为选单前提,同时在投放时,逆向思维可能会让你收获惊喜,当大家都在挤高利润的本地P5时,你在区域市场P5投一个大广告,可能会出现奇效,虽然总价低于本地P5,但是算上广告成本之后可能你更赚钱。

五、拿单技巧

企业进行了正确的广告投放只是为能拿到订单提供了条件,但实际能不能拿到最佳的订单,关键在于竞单。所谓最佳的订单就是将生产的产品全部销售,每张订单的产品毛利最大,账期最短。当然,要拿到真正最佳的订单是一种苛求,但却是一种努力的方向。

1. 选单时应考虑的因素

企业在拿订单时,首先要考虑的因素是保证产品数量,然后在数量的基础上选择单价高和账期短的订单,同时还应当注意以下问题:

(1)事先要明确企业在每季度各种产品的生产情况。企业在竞单时,有时候会涉及有限制条件的订单,比如加急订单(一季度交货),如果事先没有准确计算出各期生产产品的情况,在拿单时就会陷入被动。

(2)分析对手广告投入情况,合理确定产品市场。在竞单以前,裁判会将各组广告投放情况展示出来，以便确认广告录入是否正确。企业可以利用这个时机，将各组的广告投放情况进行记录并分析，以利于企业调整竞单策略。

比如，企业分别在区域、亚洲和国际市场投放了 P3 产品的广告费，而通过分析，发现国际市场只有本企业和另外一个组在 P3 产品投放广告费，而且本企业投放的是 40W，对方是 30W，根据事先的推测，该产品在国际市场至少有三张订单，那么，说明本企业在国际市场上至少可以拿到两张订单。在这种情况下，企业可以出于价格或者其他有利于自己的原因放弃前面某个市场的竞单，而将竞单的机会放在国际市场上。这样就给企业有了选择的机会。如果企业没有做这种分析，就可能放弃比较好的竞单机会。

（3）配合企业的资金预算选单。企业在竞单时，有时候会面临一种选择，比如，有两张订单，销售数量都相同，不同的是账期和总价：一张账期比较长，但总价比较高，另一张订单账期比较短，但总价相对较低。那么遇到这种情况应如何选单呢？一般情况下，如果企业资金比较紧张，就应选择账期比较短，但单价相对较低的一张订单。相反，如果企业没有资金困扰的问题，则应选择总价高的订单。

（4）珍惜优先选单的机会，配合产品产量选单。企业如果是某市场的市场老大，或者在某个市场投放的广告费比较多，从而有优先选单的权利，在这种情况下，企业应充分把握好优先选单的机会。

如果本企业有两次以上的选单机会，应分析对手的产量和选单情况。如果本企业可以在本市场拿任意订单都能交单，首先，应选择大单，如果通过分析，所有的对手都不能拿最大单，只有本企业可以拿，则企业应选择第二大的订单，将最大订单放在最后来选，从而保证本企业的产品销售。

如果某市场某产品有 ISO 条件限制，而只有本企业有选择该产品的权利，那么，如果本企业有两次选单的机会，则企业应首先选择没有 ISO 条件的产品，最后选择有 ISO 条件的产品。这样，一方面可以保证本企业产品的销售，另一方面，由于对方不能选择：ISO 条件的产品而只能放弃，从而一定程度上遏制对手的销售，也是在利用合理的规则打压对手。

（5）在能争取市场领导地位的情况下应集中市场拿单。有时候，企业在竞单时，会"意外"得到一个市场领导地位。仔细分析这种"意外"，其实有其必然性。企业在投放广告费时，有时候大家会集中在某个或某几个市场，对于另外的一个或几个可能会忽略。这种情况下，企业如果在其中一个大家都忽略的市场投放了比较多的广告费，则企业应抓住机会，放弃其他的一部分市场，而将产品集中销售在该市场，争取取得市场领导者地位。在选单时，企业应选择总额大的订单，单价和账期可以放在次要位置考虑。

2. 抢单小策略

第一，如果有四季度之前交货而数量适中的订单时，则优先考虑拿四季度之前交货的订单，因为多拿走一张四季度之前的交货订单就越有可能逼死你的一个对手。

第二，将需要拿四季度之前交货订单的任务分配到低销售量的产品，这样你拿到四季度之前交货订单的成本更低，拥挤的产品拿四季度之前交货订单其实并不一定划算。

最后是能够让我们逆袭的竞单了。竞单是一个风险与收益并存的集合。想要进行一次成功的竞单首先是需要做好充足的间谍工作，看到能够和我们抢这个单的队伍，记录他们抢的每一个订单，在选单完成之后再进行整理，看他们能不能再来和我们抢，再来决定产品能够填出来的最高价格。

在选单时我们也可以迷惑我们的对手，假装满产甚至故意违约。比如 P1 产品的原材料少而且只要一个季度的配送期，那么我们可以只订购我们已有生产线那么多的原材料，在选单时拿满产能，可以在第一季紧急采购 1～2 个 P1 的原材料，然后再下第二季就能到达的 P1 原料，就能解决原料不够这一问题。在有竞单的那一年，我们可以去选择扩线，增加自己的产能，让自己有更大的优势去竞单，或者在竞单的前一年，甚至可以战略性的库存产品，为来年竞单争取到更大的优势。

六、交单技巧

企业拿到的销售订单，一般没有规定具体的交单时间，这样，企业在交订单时，就可以配合企业的资金需要选择交纳哪张订单。交单科学，可以一定程度上缓解企业的资金压力，可以避免由于筹资而发生无谓的财务费用支出。在选择交单顺序时，主要应配合企业的现金预算。企业可以根据事先编制的现金预算，测算出企业在某季度某步骤需要的现金量，当交纳的订单在之前到期收现，则可避免贴现。

企业在确定销售订单的交单顺序时，应注意分析以下几个因素：

1. 账期

相同数量的两张订单，由于账期的不同，先交单和后交单会直接影响企业的现金回笼情况。在此我们把它分两种情况进行讨论。第一，在资金暂时不会断流的情况（也就是不会因为这两张订单的账期差异而影响资金的正常运行），我们就可以先交账期长的订单，后交账期短的订单；第二，在资金非常紧张的情况，急需资金的回笼，我们应先交账期短的订单，可以缓解短期的资金压力，尽可能减少贴现，减少财务费用，增大所有者权益，但如果只有靠贴现才能解决资金断流的问题，应考虑先交账期长的订单。

2. 数量

我们也可能遇到这样的情况：两张订单都是同种产品，但一张订单数量较大，另一张订单数量较小。通常情况下，我们都会在每个季度能交多少的订单就交多少。有些时候，我们可以考虑将订单组合分配来交订单，将产品囤积一个季度，留到下个季度再生产几个产品一起加起来把数量多的订单交了，因为订单的数量多，则它的总额肯定比数量少的总额大，有时我们很有可能就因为这点差额就导致现金断流而破产，所以将订单的数量进行合理的组合进行交单也是很有必要的。

3. 总额

有的时候我们的交单纯粹就是为了贴现解决资金问题，在有两张订单的产品、数量相同但总额不同的情况下，如：一张订单总额为 200W，另一张订单总额为 210W，由于贴现规则是贴 7 的倍数，如果我们需要 130W 的现金才能满足资金需要，为了配合贴现，**避免浪费**，不管这两张订单的账期如何，都应先交 210W 的订单，这样才能保证需要。

4. 产品

有些情况是大家都不愿意看到的，那就是生产总监将产能预算错误，出现拿回来的订单大于产能的情况，如果这样，就只有赔单。为了把损失控制在最小的范围内，我们来看下面两种情况，我们到底应该怎样来处理。第一，如果按原计划进行生产，就要赔拥有市场老大的那个市场的订单，如果赔了那张订单，企业就会失去市场老大的地位，而且还要进行罚款。怎样减小损失呢？我们可以对生产线进行转产，先保证市场老大的地位不受影响，在其他的市场赔单。第二，如果我们本应该少一个 P2 产品，但由于那张订单的总额太大，我们可以进行生产线的转产，将生产其他产品的生产线转为生产 P2 产品。这样我们就可以尽可能减少了赔款的金额。以上两种情况都是在拿回订单时就发现了要赔单的情况。这里还需要注意：如果转产还需要提前订购原材料。

第四节　生产采购策略

一、生产制造战术

企业只有将产品生产出来，才能实现销售。企业也只有准确地计算出每个季度的产能，也才能准确地拿单。于是，排产成为生产管理重要的内容。排产也就是生成"生产作业计划"的过程。企业制定生产计划的过程一般分成两部分，首先是生成"主生产计划"，其次是根据主生产计划生成"生产作业计划"。要得到"主生产计划"一般企业是从订单，部分企业是从市场预测，产生出一个包含生产品种、数量、时间的简单生产计划。

但是，光有主生产计划是远远不够的。一个简单的主生产计划中的生产要求，要把它自动分解为复杂、具体的生产作业过程，这就是详细排产。一般说，生产作业计划越详细，它给出的信息越丰富、越有价值，相应计算起来也就越困难。生产作业计划越粗略，越接近主生产计划，信息越少、价值就越低。

但是，一个生产过程可能有无穷多种"可行"的安排方式，因此必须从其中找出一个"最优"的计划。找出"可行"计划的难度已经很大，找出"优化"计划的难度更大。不仅要处理错综复杂的约束条件，还要从几乎无穷多种满足约束的可行方案中找到优化排产方案。

1. 生产计划分析

生产计划的安排是基于正确的市场预测分析。根据市场状况选择生产 P1、P2、P3、P4 何种产品，选择何种生产线，如何分配生产线，是否可生产出足够符合市场需求的产品等，都应当在生产运营规划时分析到位。

生产计划分析需要注意以下几个关键点（以用友 U8 为例）。

(1) 采用何种产品组合：是 P1、P2、P3、P4 全部生产，还是放弃某种产品而集中争夺更有利润空间的某种产品？

同样以上文表 6-2 和表 6-3 为例，①由于 P2、P3 产品销售前景较好，可以以 P1、P2、P3 作为市场销售的主打产品。②而针对 P4 产品，可以简单进行成本核算，如研发 P4 需要 18W，安排一条全自动生产线生产 P4 需要 16W，共计 34W 的初期成本投入。这样需要销售 8 个 P4 才能收回 34.4W（以 9.3W 平均售价计算）的成本投入，而最后三年整个市场一共只有 14 个产品的销售空间，如果想有 8 个销量，需要大量广告费投入。经过上面分析，可以基本放弃 P4 的生产。

(2) 生产线如何安排，包括手工、半自动、全自动、柔性各需几条，分别生产何种产品?

①由于放弃 P4 生产,因此不需要 P4 生产线。②为了赶上第三年的销售高峰,可以在第一年安装上两条 P2 全自动生产线,第二年开始又可继续上全自动生产线生产 P3 产品,具体情况视财务状况而定。

(3) 不同的生产组合各需资金(包括原材料费、研发费、生产费用等)多少?以两条全自动生产线生产 P2,一条全自动生产线生产 P3 为例,研发 P2、P3 需要研发费 6W 和 12W,生产线需要 16W×3=48W,生产线维修费 1W×3=3W,一条生产线生产 P2、P3 需要原材料费分别为 8W 和 12W,生产费用都为 4W,总计一年花费 40W(8×2+12+4×3=40)生产 P2、P3 产品,成本为 109W(40+6+12+48+3=109)。

(4) 生产线安排后的最大产量是多少?同样以两条全自动生产线生产 P2,一条全自动生产线生产 P3 为例,一年可生产 P2 产品 8 个,P3 产品 4 个。

将上述问题分析,归纳在表 6-12 生产计划表中。

表 6-12　　　　　　　　　　　第 2 年生产计划表

生产线类型	Q1	Q2	Q3	Q4	总计
全自动 P2	1	1	1	1	4P2
全自动 P2	1	1	1	1	4P2
全自动 P3	1	1	1	1	4P3

经过这样仔细的数据分析,可以清楚地看到生产总监所需要的全部数据。此表还可为采购和财务预算提供不同时期点的具体数据。

2. 排产安排

对企业来说,在不增加生产资源的情况下,通过最大限度发挥当前资源能力的方式可以实现提高企业生产能力的目标。通过排产,给出了精确的物料使用和产出的时间、品种、数量信息,用这些信息可以最大限度减少每个企业的库存量。同时,可以用来作为生产决策的依据,改进质检、成本、库存、采购、设备维护、销售、运输模块的运转方式,大大提高运转效率,提升企业整体管理水平。对于新道商战来说,排产时最关键是要细心,假设我有 3 条柔性线,1 条手工线(生产周期为 2Q)。订单情况见表 6-13:

表 6-13　　　　　　　　　　　订单情况

产品种类	数量	交货期	账期	价格(W)
P3	4	3	3	366
P2	3	2	1	215
P3	3	4	4	375

那么我们可以按表 6-14 情况来进行排产:

表 6-14　　　　　　　　　　　　　　　排产情况

季度\生产线	柔性线	柔性线	柔性线	手工线
1	P2	P2	P2	P3
2	P3	P3	P3	P3
3	P3	P3	P3	P2
4	P2	P2	P2	P2

排产一般可以按如下因素考虑：

（1）先考虑交货期，先生产交货期短的，尽量不要因为排产错误而违约。

（2）考虑账期，同等情况下，先生产账期短的，减少资金压力。

（3）考虑资金，如果资金非常紧张，假设第二季度如果还没有资金就会破产，那么你无论如何都要在第一季度凑齐一个订单交货然后贴现。

（4）选单时候尽量选择交期长的，一可以打压对手，二可以让自己的排产更加灵活多变采购计划毋庸多说，是配合生产计划自然产生。但值得注意的两点是：①R3、R4 两种原材料需一个季度的在途时间，应较生产时间提前两期预定；②若存在柔性生产线，由于产品类型不定，采购原材料时应计算全面。

对于生产总监来说，应当注意把握以下问题：

第一，准确计算出各条生产线在每个季度产品的上线和下线情况。生产总监应在年初准确编制"产品生产及采购计划"，计算出每个季度完工和上线的产品数量，并将产品完工的数据报告给销售总监，以便销售总监作出科学合理的销售策略；同时，将产品的投产情况，也就是在每个季度原材料的需要量报告给采购总监，以便采购总监及时下原材料订单，及时购买。

第二，准确计算每个季度需要的加工费，报告财务总监，以便安排支出。生产总监根据计算出的每个季度产品投产数量，预计需要的加工费，并将该数据报告给财务总监，财务总监据以编制现金预算。

第三，准确地更新和投产，防止差错的发生。在更新生产和开始下一批生产时，生产总监应按照生产线或者产品的顺序依次更新和开始下一批生产，不可随意进行，否则容易出现差错。其他成员应监督生产总监，但不能代位行使生产总监的职责。

二、材料采购战术

企业只有及时订购并采购材料才能保证生产的正常进行。科学合理地采购材料，既保证生产的需要，又不造成材料的积压，是采购总监的目标。在材料采购环节，应注意把握以下几个问题：

1. 准确计算并下原料订单

要准确地下原料订单，首先必须准确计算出什么时候下原料订单，下多少订单。采购总监根据生产总监提供的材料需求计划，考虑材料订货提前期确定订货的时间。

2. 准确计算材料采购费用

采购总监根据采购的材料数量确定出每个季度需要的材料采购费用，并将该采购费用数据提供给财务总监，财务总监据以编制现金预算，及时安排资金。

3. 准确、及时购买订购的材料

采购总监应根据原料订单准确、及时订购材料，防止出现采购不及时，或者采购错误而给企业带来损失。

原材料采购一般是在参加订货会，拿到订单确定本年的生产后进行，由本年的生产方案就可以确定本年各季度需要上线生产的各种产品数量，这里还要记得预计下一年前两个季度需要上线生产的各种产品数量，从而确定各季度需要上线生产产品的数量，并据此计算出该季度上线生产需要的各种原材料数量，再将这些原材料的数量按各自需要的提前订货期向前移动相应的季度，这样得到的就是这一年的采购订货情况。

在经营过程中，控制原材料的采购数量其实就是要限制库存的数量，为了满足柔性线和手工线的随时转产，允许企业出现原材料库存，但只应出现在每一年前两季度。对于提前一期采购的原材料应只在每一年的第一季度库存，提前两期采购的原材料应该只在每一年的前两个季度库存，在其他的季度这些原材料都应做到零库存。但如果确实其他的季度有原材料库存，这时除非这一库存的季度没有这种原材料的入库，否则就是采购没有实现原材料的控制。

原材料订购主要依据企业的财务情况，对于财务比较困难，又可紧急采购原材料时，我们订购手工生产线和柔性线生产所需要的原材料，应按需求原材料较少的产品的原材料下订单，同时适量的多下一些非共用的原材料订单，从而实现需要少数原材料的产品的随时转产。但如果要生产其他没有订购原材料的产品，可以在拿到订单确定生产该种产品后再紧急补购。由于第6年不需要考虑下一年的还贷压力，第6年初可以全额借款，在订购第6年第一季度的原材料时可按厂房的空间数量来下原材料订单，最多可按10条生产线来下订单。如果依据财务确实没有能力，可将已生产过产品的生产线停产，用其在刚投资的新生产线上进行生产。

第五节　提高厂房的利用率策略

对于用友新道商战软件来说，由于厂房一共有3种，分别为大、中、小。可容纳生产线数量分别为4、3、2条。关于选择哪一种厂房大家应该是没有争议的。一般都会选择大厂房。一来是因为大厂房加的分数多，二来是因为大厂房不会限制你生产线的发展，扩线更加容易。从大局上来看，如果一开始就选择小厂房，那么大局上其实你已经输了，因为你限制了自己后期的生产线的数量，也限制了自己的分数。那么厂房应该是买是租呢？这个是没有定论的，买厂房可以保权益，下一年可以多贷款120W左右。但是现金压力比较大，因为要拿出至少400W来买厂房，这就意味着贷款额度要变大或者生产、研发领域的投资要减少。而租厂房可以减轻现金流压力，但是相对来说也损失了权益。这个具体就要看大家的生产方案是怎样的了，是大方案还是小方案？第2年的现金流压力到底大不大？如果通过预算，资金绰绰有余，那么买个厂房也是可以的。

思考：能否第1年买厂房保住权益不下跌，第2年多贷款。然后以后没现金的时候再把厂房贴现出去呢？如果要这样做第几年贴现厂房才利益最大呢？

第六节 财务分析策略

一、如何进行资金流分析

资金是企业的血液，作为财务总监需要细心稳重，时刻替企业监视资金流的安全。记录由每个环节汇总来的运营成本和费用利润，为决策者提供企业的资金使用能力——也就是说，他管得是"兵粮"。

在沙盘里资金来源无非以下几种，所以当你缺钱的时候不妨从以下几个方面考虑：

（1）股东资本——就是模拟企业的注册资金。注意，在沙盘模拟经营游戏中股东资本是不变的，这个在填写报表的时候需要注意。如果一开始是600W，那么就固定是600W不变。

（2）长贷——每年第一季度开始前可以借长期贷款，最长时间可以借5年，利息率为10%（四舍五入），每年第一季开始后便要偿还利息，如果期限到了就要还本付息。

（3）短贷——每一季度初可以借短期贷款，利息率为5%（四舍五入），下一年的这一季度短贷前需要还本付息。

（4）贴现——贴现就是把还没到账的应收款拿去银行换钱，当然这要收取一定利息。1~2季度到账的贴息是10%，也就是如果你贴现100W，那么就会拿到90W，还有10W进银行口袋了。如果账期还有3~4季度，那么贴息就是12.5%，向上取整。

（5）库存拍卖——原材料按原价的80%出售，产品按成本价出售。

（6）出售生产线——生产线按残值出售。

（7）裁判融资——这意味着你已经破产了。

在上述资金来源中，贷款是我们经常要做的一件事，对于贷款总额计算的规则规定：长贷总额加短贷总额不能超过上年权益3倍。例如一开始我的权益是600W，我第1年可以贷款：600×3=1800W（长贷加短贷总和），然后我贷款了5年200W的长贷，第1年年末权益假设是480W，那么我下一年能借贷的贷款总和就是：480×3-200=1240W。在贷款时，有一些小技巧，可以加以利用。如：

（1）学会利用贷款利息四舍五入的规则。如在长贷个位数字尽量设置为4，例如：144W、254W、364W。因为144×10%=14.4，四舍五入利为14W，这就意味着有4W的贷款你免费拿了，不用付利息。而如果是145呢？那就是145×10%=14.5，四舍五入利息为15W，这样就要多支出一部分费用。同理可在短贷十位数设置为偶数，个位数设置为9，例如：149W、249W、349W。

（2）学会连环短贷。例如我第一年第四季借了249W的短贷，那么我第二年第四季还了261W的短贷本金加利息以后，如果权益没有下跌，那就意味着我可以继续贷款249W，只要权益不下跌，或者是下跌得不是很严重，那么我完全可以短贷滚短贷，我需要做的只是适时的支付一点点利息，以及在季度初留下一点钱还短贷本息就足够了。

在企业经营过程中，贴现可以说是企业关键时刻起死回生的良药，它可以帮助你很好的缓解资金流转不足的问题。当账期为 1~2 季度的尽量贴 10 的倍数，账期为 3~4 季度的尽量贴 8 的倍数。该贴现的时候果断贴现，不该贴现的时候尽量用短贷代替。

由于贷款的前提和基础是权益，所以想要清楚自己每时每刻还能贷款多少资金就要对权益计算了如指掌。要想知道如何计算权益，必须先清楚以下几个概念：

（1）综合费用。综合费用包括：管理费、广告费、设备维护、厂房租金、转产费、市场开拓费、ISO 认证费、产品研发费用、损失费。

（2）损失费。损失费包括：违约金、紧急采购损失、出售生产线损失。

（3）财务费用。财务费用包括：贷款利息、贴息。

（4）年度净利。年度净利 = 销售收入 − 直接成本 − 综合费用 − 折旧 − 财务费用 − 税费

（5）利润留存。本年利润留存 = 前年利润留存 + 前年年度净利

第一年利润留存为 0

（6）股东资本：固定为开局资金不变。权益 = 股东资本 + 利润留存 + 年度净利

总之，个人在进行企业资金流分析的时候，要注意如下几个问题：

1. 要敢于贷款

很多人刚刚接触沙盘的时候往往很排斥贷款，害怕还不上贷款，其实不然。一个企业要想做大做强必须要贷款，负债总额大于权益是很常见的。

2. 要善于贷款

沙盘模拟经营其实就是一个利益杠杠游戏，我们如何利用手中有限的资金去撬动更大的利润就是我们面临的核心问题。因而我们要善于规划贷款，在这方面，这是因为：

（1）长贷还贷压力小但是利息大，在考虑借长贷的时候，我们要计算好究竟需要多少并且最快几年能还上，因为它的利息高，多贷 1 年就多交 1 年的利息，所以长贷 5 年不一定是最好的决定，要视情况而定。

（2）短贷利息是长贷的一半但是还贷压力大，短贷为企业的日常活动提供了强大的流动资金，最好的解释就是我们可以以短贷养短贷。但是这对企业的权益要求很大，必须保证企业的权益能够贷出足够的短贷，否则企业短贷的数量会越来越少。

（3）尽量用短贷代替长贷，如果权益能够保持好的话，完全可以通过连环短贷来实现长贷的效果，这样可以省下一大笔资金。

（4）贷款要适当，不可以能贷款多少钱就贷款多少钱，必须通过计算，看下还缺多少钱，确保每一分钱都有各自的用途，尽量减少空闲资金，这样就可以减少很多利息。

3. 善于利用贴现

贴现可以说是企业的救心丸，必要的时候，贴现时必不可少的。当我们急需资金时而又无法贷款时，那么贴现就是主要的出路了。

4. 要精于预算

判断一个方案是否合格时，必须要推算一下前 4 年是否会破产，高手们往往预算得非常准确，所有的情况都在他的方案里早早地就体现出来了。因而别问为什么自己的方案老是破产了，因为你没有预算，或在预算中你的方案本来就是会破产的。

二、资产负债表出现不平衡可能的原因有哪些，应该怎样检查及改正

关于资产负债表，很多人感到很难填写。其实，沙盘的资产负债表只要按照盘面填写就可以。表 6-15 是沙盘资产负债表的格式，左边是资产类，右边是负债和权益类。先看资产类，资产类的"现金"和"应收账款"都可以在盘面上直接盘点。注意"应收账款"应该将 4 账期内的应收款全部加和。"在制品"是还在生产线上的产品价值；"成品"是产成品库里的产品价值；"原料"是原料库的材料价值；"土地和建筑"是拥有的厂房的价值；"机器和设备"是提取折旧后生产线的价值，这里要注意生产线的折旧是否已经正确提取；"在建工程"是指尚未完工建成的生产线上已经投入的资产价值。

表 6-15　　　　　　　　　　　资产负债表（简表）　　　　　　　　　　　单位：W

资　　产	金额	负债和所有者权益	金额
现金	+	长期负债	+
应收账款	+	短期负债	+
在制品	+	应付账款	+
成品	+	应交税金	+
原料	+	一年内到期的长期负债	+
流动资产合计	=	负债合计	=
土地和建筑	+	股东资本	+
机器与设备	+	利润留存	+
在建工程	+	年度净利	+
固定资产合计	=	所有者权益合计	=
资产总计	+	负债和所有者权益总计	=

右边是负债类，"短期负债"和"长期负债"分别是盘面上相应贷款栏中全部账期贷款的合计数，这里要注意"长期贷款"的填入数应当是总的长期贷款数减去"一年内到期的长贷数"。由于沙盘运营中取消了组间交易，所以"应付款"一栏中不填数。"应交税金"即利润表中的应交税金数，为当年所得税额，企业盈利才会交税。最后是权益类的填写，用友新道商战沙盘运营中规定：如不出现新的资本投入，"股东资本"为 600W。

"利润留存"是上一年度的利润留存与上年净利润之和；"年度净利润"即经营年度取得的净利润，把损益表上的利润抄过来。最后，只要验证"总资产"是否等于"总负债"与"所有者权益"之和。

通过以上分析可以看到，资产负债表一些项目的填写是要以利润表的数据为准的，所以一定要在完成利润表的基础上再完成资产负债表。

那么，如果资产负债表出现"不平"的情况时如何检查呢？一般容易在以下几个环节出现问题：

（1）现金的收支是否已正确入账，有没有忘记入账的收支发生。另外，各项发生的费用是否已用现金支付，即放在盘面指定的区域内。

（2）应收账款、长短期负债的加和是否有误。

（3）机器设备是否正确提足折旧。

（4）利润留存的计算是否有误。

第七章

新道商战 ERP 沙盘模拟运营成果分析与评价

第一节 沙盘模拟企业经营成果分析

一、市场占有率分析

谁拥有市场，谁就拥有主动权。市场的获得又与各企业的市场分析与营销计划相关。市场预测和竞争对手分析在上一章中已简要说明，营销策划在"ERP 沙盘模拟"课程中集中体现在广告费用的投放上，因此从广告投入产出分析和市场占有率分析两个方面可以部分地评价企业的营销策略。

1. 广告投入产出分析

广告投入产出分析是评价广告投入收益率的指标，其计算公式为：

$$广告投入产出比 = 订单销售额/广告投入$$

广告投入产出分析用来比较各企业在广告投入上的差异。这个指标告诉经营者：本公司与竞争对手之间在广告投入策略上的差距，以警示营销总监深入分析市场和竞争对手，寻求节约成本，策略取胜的突破口。

图 7-1 中比较了第 1 年 A~F 六个企业的广告投入产出比。从中可以看出，E 企业每 1W 的广告投入为它带来 3.2W 的销售收入，广告投入产出比胜过其他企业。

图 7-2 中展示了各企业 6 年的累计广告产出比。从中可以看出，经过 6 年的经营，A 企业在分析市场、制定营销计划上已经有了长足的进步，其广告投入产出比已经遥遥领先于其他企业。

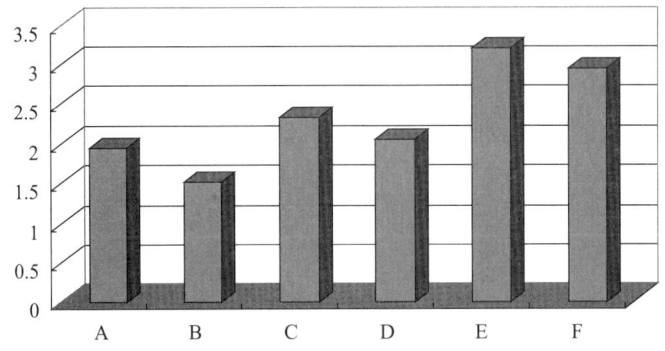

图 7-1　第 1 年 A~F 六个企业的广告投入产出比

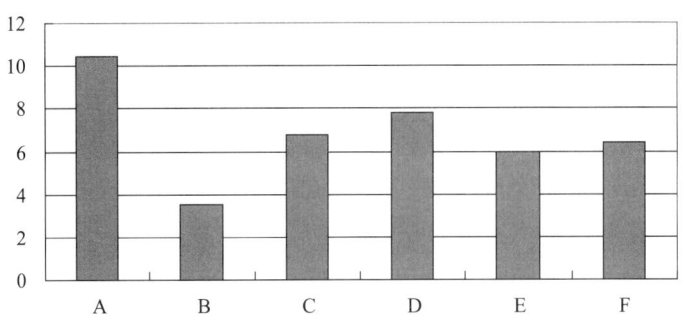

图 7-2　6 年间各企业累计广告投入产出比

2. 市场占有率分析

市场占有率是企业能力的一种体现，企业只有拥有了市场才有获得更多收益的机会。

市场占有率指标可以按销售数量统计，也可以按销售收入统计，这两个指标综合评定了企业在市场中销售产品的能力和获取利润的能力。分析可以在两个方向上展开，一是横向分析，二是纵向分析。横向分析是对同一期间各企业市场占有率的数据进行对比，用以确定某企业在本年度的市场地位。纵向分析是对同一企业不同年度市场占有率的数据进行对比，由此可以看到企业历年来市场占有率的变化，这也从一个侧面反映了企业成长的历程。

（1）综合市场占有率分析。综合市场占有率是指某企业在某个市场上全部产品的销售数量（收入）与该市场全部企业全部产品的销售数量（收入）之比。从图 7-3 中可以看出，在该市场 A 企业因为拥有最大的市场份额而成为市场领导者。

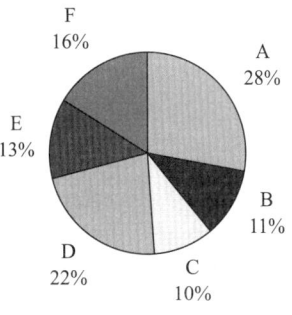

图 7-3　第 3 年各企业市场占有率

某市场某企业的综合市场占有率 = 该企业在该市场上全部产品的销售数量（收入）/全部企业在该市场上各类产品总销售数量（收入）×100%

（2）产品市场占有率分析。了解企业在各个市场的占有率仅仅是第一步，如果能够进一步确知企业生产的各类产品在各个市场的占有率对企业分析市场，确立竞争优势也是非常必要的。

某产品市场占有率 = 该企业在市场中销售的该类产品总数量（收入）/市场中该类产品总销售数量（收入）×100%

图7-4中显示了第3年P2产品各企业所占市场份额。

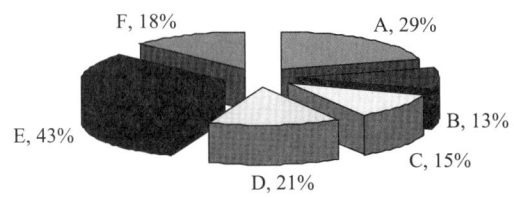

图7-4　第2年P2产品各企业市场份额

二、偿债能力分析

企业的偿债能力反映的是对长期借款、短期借款等债务在某一个时点所具有的还本付息的能力。ERP沙盘模拟训练中涉及的债务有长期贷款、短期贷款、特别贷款三种方式。如何利用好三种借款方式，就涉及偿债能力的分析。为了充分和财务理论相结合，该部分将从短期偿债能力分析和长期偿债能力分析两个方面来进行分析。

1. 短期偿债能力分析

对于ERP沙盘模拟训练，要关注短期贷款的偿付能力的分析。短期贷款的贷款时间是每个季度的初期，利随本清，期限为1年期。短期偿债能力在财务上是用流动比率、速动比率和现金比率来反映的。

（1）流动比率。流动比率是流动资产除以流动负债的比值，其计算公式为：

流动比率 = 流动资产/流动负债

从ERP沙盘模拟训练来看，其涉及的流动资产有现金、应收账款、存货三项，而流动负债则包括短期贷款、特别贷款、应交税金三项。流动比率指标关注的是流动负债到期的时候是否有足够的现金流来偿付其本金和利息。一般认为，生产企业合理的最低流动比率为2。这是因为流动资产中变现能力最差的存货金额约占流动资产总额的一半，剩下的流动性较大的流动资产至少要等于流动负债。

在ERP沙盘模拟训练的每一个年度末，要求提交相应的资产负债表，从资产负债表可以计算出流动比率指标，在对该指标进行分析的时候，不要仅仅关注其计算结果，更重要的是要关注组成该指标的流动资产和流动负债；它们各自的组成及其所组成部分的具体账期，特别是要对流动资产中的存货进行具体分析；存货往往是由在制品、产成品和原料共同组成的，原料转化为现金还要经历在制品、产成品、应收账款。如果选择生成周期最短的全自动生成线（或者柔性生产线），并且所获订单要求的账期为零，原材料转化为现金也需要2个账期。而实际经营的时候，零账期的订单很少，这样看来，存货中的原材料不能够增加对短期负债的偿付能力。

(2) 速动比率。速动比率是从流动资产中扣除存货部分的流动比率，速动比率的计算公式为：

$$速动比率 = （流动资产 - 存货）/流动负债$$

速动比率将存货从流动资产中剔除，从 ERP 模拟训练所提供的经营环境来看，最为主要的原因就是存货的变现速度是流动资产中最慢的，有些种类的存货转化现金往往已经超过 4 个账期（一个年度），这些存货的存在就虚夸了流动比率所反映的短期偿付能力。把存货从流动资产总额中减去而计算出的速动比率反映的短期偿债能力更能让人信服。

通常认为正常的速动比率为 1，低于 1 的速动比率往往被认为是短期偿债能力偏低。当然，具体合适的比率应该视不同的行业而加以调整，如采用大量现金交易的商店，几乎没有应收账款，速动比率大大低于 1 也是很正常的。影响速动比率可信性的重要因素是应收账款的变现能力，即应收账款的账期的长短和产生坏账的可能性。就 ERP 沙盘模拟训练来看，应收账款对速动比率指标的影响主要是账期的长短，当应收账款账期大于流动负债要求的偿还期的时候，就会加剧风险。

(3) 现金比率。现金比率是企业现金类资产与流动负债的比率，现金类资产包括企业所拥有的货币性资金和持有的有价证券（即资产负债表中的短期投资），它是速动资产扣除应收账款后的余额。

$$现金比率 = （流动资产 - 存货 - 应收账款）/流动负债$$

现金比率能反映企业直接偿还流动负债的能力。如果在 ERP 沙盘模拟训练中使用该指标，可以保证流动负债的绝对偿付，但使用该指标则会要求企业保持较大的现金存量，从而错过或者延迟构建企业生产线、进行产品研发和市场开拓的时间，并最终让企业失去发展机遇。

2. 长期偿债能力分析

长期偿债能力分析关注的是企业对长期债务的偿付能力，具体到 ERP 沙盘模拟训练，则是关注长期贷款的偿付。长期贷款的贷款时间是每年年末，贷款限额为上年所有者权益的两倍，每年年底付息，贷款期限为 5 年。

(1) 资产负债率。资产负债率是负债总额除以资产总额的百分比，也就是负债总额与资产总额的比例关系。资产负债率反映在总资产中有多大比例是通过借债来筹集的，也可以衡量企业在清算时保护债权人利益的程度。

$$资产负债率 = 负债总额/资产总额 \times 100\%$$

资产负债率反映债权人提供的资本占全部资本的比例。债权人关心的是贷款的安全，即到期能否按时收回本金和利息。而对于股东来说，通过借款，可以在较短的时间内扩大规模，只要其投资报酬率高于借款利息率，就可以获得超额回报，而如果实际的资本报酬率低于借款利息，则会侵蚀股东自己的利润。所以股东在进行借款的时候，一定要保持一个合理的资产负债率。

在用友 U8 教学版 ERP 沙盘模拟训练的第一个开始年度，企业的资产负债率是 40% 这样一个水平，现金持有量是 42W。在这样的局面下继续进行经营，经营者不同的经营理念就会有相应的筹资策略。如果经营团队是风险偏好者，其必然会加大筹资力度，在发放股票受到限制的情况下，贷款是其唯一的选择。通过短期贷款或者长期贷款，扩大现金储备，而充足的现金让经营者在生产线的扩建、产品和市场的开拓以及广告策略的制定上都增加了更多的选择,但高的负债率,必须要求制定好的广告策略,获得足够的广告订单,从而可以有现金流来还本付息,这样的经营方式可以让模拟企业获得高速发展,也可能因资金链断裂而提前倒闭。如果经营团队是风险厌恶者,就可以保持现有的经营模式,在现有的生产线、产品和市场状况下,通过稳步经营,获得了足够的现金流后,再图谋进一步的发展,即先活着,再好好地活着。这样的经营方式让企业可以保持一个较低的资产负债率,其经营过程的初期风险较小,但其可能失去先发优势。

(2) 产权比率。产权比率是负债总额与股东权益总额的比例,也叫做债务股权比率。其计算公式为:

$$产权比率 = 负债总额/股东权益 \times 100\%$$

该项指标是反映有债权人提供的资本和股东提供的资本的相对关系,反映企业的资本结构是否稳定。产权比率高,是高风险、高报酬的财务结构;产权比率低,是低风险、低报酬的结构。如在用友 U8 教学版 ERP 沙盘模拟训练初始年度中,长期负债为 40W,所有者权益为 66W,则计算出的产权比率为 60.61%,偏低,表明企业经营者其实可以通过贷款的方式来使企业获得进一步的发展。

(3) 已获利息倍数。已获利息倍数指标是指企业息税前利润与利息费用的比率(息税前利润是指损益表中未扣除利息费用和所得税之前的利润。它可以用税后利润加所得税再加利息费用计算得出),用以衡量企业偿付借款利息的能力,也叫利息保障倍数。其计算公式为:

$$已获利息倍数 = 息税前利润/利息费用$$

已获利息倍数指标反映企业息税前利润为所支付的债务利息的多少倍。只要已获利息倍数足够大,企业就有充足的能力偿付利息。如何合理确定?可将企业的这一指标与其他企业,特别是本行业的平均水平进行比较,来分析决定本企业的指标水平。在用友 U8 教学版 ERP 沙盘模拟训练中,对于所涉及的企业,它们初始年度的企业财务状况都是统一的,第 1 年度初期的息税前利润为 7W,利息费用为 4W,可以计算出已获利息倍数为 1.75,该指标从目前来看,应该还是合理的。但随着企业业务的展开,贷款费用的增加会相应地增加每一年度的利息费用,生产线的扩展、市场的开拓、产品的研究、ISO 资格认证等费用在初期也必将显著增加,从而使已获利息倍数这个指标变小,甚至让利润为负,这表明企业财务状况是非常紧张,利息支付压力将会很大。

三、营运能力分析

营运能力是指企业的资产运用或管理效率,表明管理人员经营管理、运用资金的能力。这方面的财务指标有应收账款周转率、存货周转率、资产周转率等。

1. 应收账款周转率

应收账款周转率是反映应收账款周转速度的指标,也就是年度内应收账款转为现金的平均次数,它说明应收账款流动的速度。其计算公式为:

$$应收账款周转率 = 销售收入/平均应收账款$$

一般来说,应收账款周转率越高,平均收账期越短,说明应收账款的收回越快。如在用友 U8 教学版 ERP 沙盘模拟训练的初始年度的销售收入为 32W,应收款的期初数为 15W,期末为 0,平均应收账款 = 7.5W,计算出的应收账款周转率为 4.27,即应收账款的平均周转天数为 84.31（360÷4.27＝84.31）天。该指标和企业在每个年度初期所获得的订单的账期密切相关。

2. 存货周转率

存货周转率是衡量和评价企业购入存货、投入生产、销售收回等各环节管理状况的综合性指标。计算公式为：

$$存货周转率 = 销售成本 / 平均存货$$

一般来讲，存货周转率速度越快，存货的占有水平越低，流动性越强，存货转化为现金、应收账款的速度越快。如在用友 U8 教学版 ERP 沙盘模拟训练的初始年度的销售成本为 12W，存货的期初数为 17W，期末为 16W，计算出的存货周转率为 0.72，即存货的平均周转天数为 500 天（360÷0.72＝500）天。存货周转率的期初数据反映出存货的周转速度是很慢的。这可能和企业初始经营时候的生产线大多为手工生产线有极大关系（用手工生产线进行生产，从原料到产成品，至少都要一个年度的时间），另外，初期的订单量较少也是原因之一（足够的订单才能够让产成品转化为应收账款或者现金）。

3. 资产周转率

资产周转率是销售收入与平均资产总额的比值。其计算公式为：

$$资产周转率 = 销售收入 \div 平均资产总额$$

该项指标反映资产总额的周转速度。周转越快，反映销售能力越强。如在用友 U8 教学版 ERP 沙盘模拟训练的初始年度的销售收入为 32W，资产的期初数为 105W，期末数为 107W，计算出的资产周转率为 0.30，资产周转率的期初数据反映出企业总资产的周转速度是很慢的。当然，周转慢的原因是在企业经营初始年，市场开拓、产品研发以及生产能力等都处于投入期，企业的销售量很低，从而决定资产周转率较低也是符合企业的生命周期的，但如果企业在经营的以后年度中该指标没有得到改善的话，企业的经营状况必然会恶化。

四、盈利能力分析

盈利能力就是企业赚取利润的能力。不论是股东、债权人还是企业的经营管理人员，都非常重视和关心企业的盈利能力。反映企业盈利的指标很多，通常使用的主要有销售利润率、资产利润率、净资产收益率等。

1. 销售利润率

销售利润率是指净利润占销售收入的百分比，其计算公式为：

$$销售利润率 = 净利润 / 销售收入 \times 100\%$$

销售利润率反映了每 100 元销售额所来的净利润是多少。如在用友 U8 教学版 ERP 沙盘模拟训练的初始年度的销售收入为 32W，实现的净利润为 2W，计算出的销售利润率为 6.25%。该指标随着企业的发展，应该会进一步增加。

2. 资产利润率

资产利润率是企业净利润与平均资产总额的百分比。资产利润率的计算公式为：

$$资产利润率 = 净利润 / 平均资产总额 \times 100\%$$

该指标反映的是企业资产利用的综合效果。该指标越高，表明资产的利用效率越高，说明企业在增加收入和节约资金方面取得了良好的效果。资产利润率是一个综合指标，其反映了债权人和股东投入的两个方面资产的收益的情况。如在用友 U8 教学版 ERP 沙盘模拟训练的初始年度的净利润为 2W，资产的期初数为 105W，期末为 107W，计算出的资产利润率为 1.9%。

3. 净资产收益率

净资产收益率是净利润与平均净资产的百分比，也叫净资产报酬率或权益报酬率。其计算公式为：

$$净资产收益率 = 净利润/平均净资产 \times 100\%$$

该指标反映的是公司所有者权益的投资报酬率。如在用友 U8 教学版 ERP 沙盘模拟训练的初始年度净利润为 2W，所有者权益的期初数为 64W，期末为 66W，计算出的净资产收益率为 3%。

4. 成本费用利润率

成本费用利润率是指利润总额与成本费用总额的比率。该指标越高，表明企业为取得收益所付出的代价越小，成本费用控制得越好，获利能力越强。

$$成本费用利润率 = 利润总额/成本费用总额 \times 100\%$$

5. 资产保值增值率

资产保值增值率是指期末所有者权益与期初所有者权益的比率。该指标越高，表明企业的资产保全状况越好，所有者的权益增长越快，债权人的债务越有保障，企业发展后劲越强。

$$资产保值增值率 = 期末所有者权益/期初所有者权益 \times 100\%$$

五、发展能力分析

发展能力是指反映企业扩大经营规模、增加资产和积累、保持持续发展的能力。

1. 销售增长率

销售增长率是指本期销售增长额与上期销售额的比率。该指标若大于 0，表示企业本年的销售收入有所增长，指标越高，表明增长越快，企业市场前景越好。

$$销售增长率 = 本期销售增长额/上期销售额 \times 100\%$$

2. 资本积累率

资本积累率是指本年所有者权益增长额与年初所有者权益的比率。该指标越高，表明企业的资本积累越多，企业资本保全性越强，应对风险、持续发展的能力越大。

$$资本积累率 = （本年所有者权益增长额/年初所有者权益）\times 100\%$$

3. 总资产增长率

总资产增长率是指本期总资产增长额与期初资产总额的比率。

$$总资产增长率 = （本期总资产增长额/期初资产总额）\times 100\%$$

4. 三年利润平均增长率

三年利润平均增长率表示企业利润的连续 3 年增长情况，体现企业的发展能力。该指标越高，表明企业积累越多，可持续发展能力越强，发展的潜力越大。

5. 三年资本平均增长率

三年资本平均增长率表示企业资本连续 3 年的积累情况，体现企业的发展水平和发展趋势。该指标越高，表明企业所有者权益得到的保障程度越大，企业可以长期使用的资金越充足，抗风险和保持连续发展的能力越强。

六、企业现金流量分析

分析现金流量，可以进一步考察和评价企业的偿还能力、支付能力、赢利能力和获取现金能力。

1. 偿还能力分析

（1）到期债务偿还比率。到期债务偿还比率是指本期经营活动现金流量与本期到期债务本息的比率。

$$到期债务偿还比率 = 本期经营活动现金流量/本期到期债务本息 \times 100\%$$

（2）现金负债总额比率。现金负债总额比率是指经营活动现金流量与负债总额的比率。该指标越大，说明偿还能力越强。

$$现金负债总额比率 = 经营活动现金流量/负债总额 \times 100\%$$

2. 支付能力分析

（1）每股现金流量。每股现金流量是指经营活动产生的净现金流量减去优先股股利与流通在外的普通股股数的比率。

$$每股现金流量 = （经营活动产生的净现金流量 - 优先股股利）/流通在外的普通股股数$$

（2）现金股利支付率。现金股利支付率是指现金股利与经营活动现金流量的比率。

$$现金股利支付率 = 现金股利/经营活动现金流量 \times 100\%$$

3. 盈利能力分析

（1）盈利现金比率。盈利现金比率是指经营活动产生的现金流量与净利润的比率。如果现金流量和净利润都大于0，则比率越大，盈利质量就越高。如果现金流量小于0，而净利润大于0，表明企业虽然盈利，但现金流量却减少了，净利润的质量值得怀疑。

$$盈利现金比率 = 经营活动产生的现金流量/净利润 \times 100\%$$

（2）扩大生产比率。扩大生产比率是指经营活动现金流量与资本性支出的比率。

$$扩大生产比率 = 经营活动现金流量/资本性支出 \times 100\%$$

4. 获取现金能力分析

（1）销售净现率。销售净现率是指经营活动现金流量与销售收入的比率。在理想状态下，销售净现率应≥ 1。

$$销售净现率 = 经营活动现金流量/销售收入 \times 100\%$$

（2）资产净现率。资产净现率是指经营活动现金流量与全部资产的比率。该指标一般在6%~8%比较正常。

$$资产净现率 = 经营活动现金流量/全部资产 \times 100\%$$

七、财务状况综合分析

财务状况综合分析就是将偿债能力、营运能力、赢利能力等方面的分析纳入一个有机的整体之中，全面地对企业经营状况、财务状况进行剖析，从而对企业经济效益的优劣作出准确的判断。

1. 杜邦财务分析体系

杜邦财务分析体系由美国杜邦公司创造并得到成功运用而得名，主要反映了以下几种主要的财务比率关系。

(1) 股东权益报酬率与资产报酬率及权益乘数的关系：
$$股东权益报酬率 = 资产报酬率 \times 权益乘数$$
(2) 资产报酬率与销售净利率及总资产周转率之间的关系：
$$资产报酬率 = 销售净利率 \times 总资产周转率$$
(3) 销售净利率与净利润及销售收入之间的关系：
$$销售净利率 = 净利润/销售收入 \times 100\%$$
$$净利润 = 销售收入 - 销售成本 - 综合费用 - 折旧 - 利息$$
(4) 总资产周转率与销售收入及资产总额之间的关系：
$$总资产周转率 = 销售收入/资产总额 \times 100\%$$
$$资产总额 = 固定资产 + 流动资产$$
$$流动资产 = 现金 + 应收账款 + 存货$$

在上述公式中，"资产报酬率 = 销售净利率 × 总资产周转率"这一等式被称为杜邦等式。

杜邦系统在揭示上述几种关系之后，再将净利润、总资产进行层层分解，这样就可以全面、系统地揭示企业的财务状况以及这个系统内部各个因素之间的相互关系。

从杜邦财务分析体系公式中看，决定权益净利率高低的因素有三个方面：销售净利率、资产周转率和权益乘数。权益乘数主要受资产负债比率的影响。负债比率大，权益乘数就高，说明企业有较高的负债程度，能给企业带来较大的杠杆利益，同时也给企业带来较大的风险。

【例 7-1】 某参赛组第 3 年编制的利润表和资产负债表见表 7-1、表 7-2。

表 7-1　　　　　　　　　　　　利润表　　　　　　　　　　　　单位：W

项　目	上年数	本年数
销售收入	35	39
直接成本	15	9
毛利	20	30
综合费用	29	12
折旧前利润	-9	18
折旧		10
支付利息前利润	-9	8
财务收入/支出	10	11
其他收入	-4	-5
税前利润	-23	-8
所得税		
净利润	-23	-8

表7-2　　　　　　　　　　　　　　　资产负债表　　　　　　　　　　　　　　　　单位：W

资　产	期初数	期末数	资　产	期初数	期末数
流动资产：			负债：		
现金	17	21	长期负债	60	60
应收账款	8		短期负债	60	60
在制品	11	4	应付账款		
产品	17	10	应交税金		
原料	3	4	一年内到期的长期负债	20	0
流动资产合计	56	39	负债合计	140	120
固定资产：			所有者权益		
土地和建筑	40	40	股东资本	50	50
机器与设备	36	33	利润留存	-15	-38
在建工程	20	12	年度净利	-23	-8
固定资产合计	96	85	所有者权益合计	12	4
资产总计	152	124	负债和所有者权益合计	152	124

杜邦分析的计算过程如下：

销售净利率＝净利÷销售收入＝-8÷39＝-0.2051

资产周转率＝销售收入÷资产总额＝39÷124＝0.3145

资产净利率＝销售净利率×资产周转率＝0.1538×0.3145＝0.0484

权益乘数＝1÷（1-资产负债率）＝1÷（1-120/124）＝31

权益净利率＝资产净利率×权益乘数＝0.0484×31＝-1.5

从以上的计算可以看出，该组目前的经营状况是不容乐观的。造成权益净利率为-1.5的原因在于，销售净利率没有实现正的增长，资产周转率也太低，特别要注意的指标是权益乘数，从这个指标可以看出，资产负债率过高，从而使财务风险加大，这将不利于经营业绩的稳定增长。

2. 财务比率综合评分法

财务比率综合评分法是在20世纪初，由亚历山大·沃尔提出的，又称沃尔评分法，财务比率综合评分法的基本工作程序如下。

（1）选定评价企业财务状况的财务指标。原则是：①全面性。要求有偿债能力、营运能力、盈利能力等各种财务指标。②代表性。选择能够说明问题的重要指标。③方向一致性。当财务指标增大时，说明财务状况改善。

（2）依据财务指标的重要性，赋予其评分值。各项指标的评分值之和为100分。

（3）确定各项指标的标准值。标准值即达到理想状态的数值。

（4）计算企业各项财务指标的本期实际值。

（5）计算企业各项财务指标的关系比率：

关系比率＝实际值/标准值×100%

（6）计算各项财务指标的实际得分：

某项指标实际得分＝该指标关系比率×该指标评分值

（7）计算企业综合得分：

综合得分＝各单项指标实际得分之和

（8）评价财务状况，得出评价结论。如果综合得分等于或接近 100 分，说明企业的财务状况良好；如果超过 100 分，说明企业的财务状况十分理想；如果小于 100 分，说明企业的财务状况较差。

例如某参赛组某年财务比率综合评分的结果见表 7-3。

表 7-3　　　　　　　　　　　某参赛组某年财务比率综合评分

财务比率	评分值	标准值	实际值	关系比率	实际得分	上/下限
速动比率	10	1	0.99	0.99	9.9	20/5
流动比率	10	2	2.63	1.32	13.2	20/5
资产负债率	12	2	2.96	1.48	17.76	20/5
存货周转率	10	4	0.29	0.07	5	20/5
应收账款周转率	8	4	2.79	0.70	5.6	20/4
总资产周转率	10	1	0.15	0.15	5	20/5
资产报酬率	15	5%	2.9%	0.58	8.7	30/7
权益报酬率	15	10%	4.3%	0.43	6.45	30/7
销售净利率	10	15%	19%	1.27	12.7	20/5
合计	100				84.31	

第二节　沙盘模拟企业经营成果评价

一、经营成果得分

在"ERP 沙盘模拟"课程中，企业评价如何接近企业的真实价值，并且反映企业未来的发展和成长性，需要集中体现在总成绩计算算法中。在综合考虑各方面因素的基础上，定义企业决胜的算法如下：

企业总成绩＝所有者权益×（1＋企业综合发展潜力/100）－扣分

企业综合发展潜力要综合考虑企业目前的资产状况、产品研发水平、市场，以及所取得的认证资格等。

企业综合发展潜力的计算方法见表 7-4。

表 7-4　　　　　　　　　综合发展潜力的计算方法

序号	项目	计算方法/分
1	大厂房	+15/每厂房
2	小厂房	+10/每厂房
3	手工生产线	+5/条
4	半自动生产线	+10/条

续表

序号	项　　目	计算方法/分
5	全自动，柔性线	+15/条
6	区域市场开发	+10
7	国内市场开发	+15
8	亚洲市场开发	+20
9	国际市场开发	+25
10	ISO 9000	+10
11	ISO 14000	+10
12	P2 产品开发	+10
13	P3 产品开发	+10
14	P4 产品开发	+15
15	本地市场地位	+15，最后一年市场第 1
16	区域市场地位	+15，最后一年市场第 1
17	国内市场地位	+15，最后一年市场第 1
18	亚洲市场地位	+15，最后一年市场第 1
19	国际市场地位	+15，最后一年市场第 1
20	高利贷扣分	每次扣 15 分
21	其他扣分	

在扣分项目中，凡有下列情况者，均可从综合得分中扣除相应分数：

（1）迟交报表。未按规定时间提交报表的，迟交 1~10 分钟内罚 1 分/分钟，迟交 10~15 分钟，罚 2 分/分钟，15 分钟之后，由裁判组强行平账，另外参照报表错误进行罚分（即总共需要罚 40 分，其中 20 分为晚交报表的罚分，另外 20 分为报表错误的罚分）。

（2）报表错误、报表不平或者账实不符的，罚总分 20 分/次。

（3）没有按照规定的流程顺序进行运作，罚总分 10 分/次；违反规则运作，如新建生产线没有执行规定的安装周期、没有按照标准的生产周期进行生产等，罚总分 50 分/次；不如实填写管理表单（采购订单、贷款、应收、生产线状况登记表）的情况，一经核实，按情节严重的扣减总分 5~10 分/次。

（4）借高利贷。每次扣 15 分。

有以下情况不能在加权系数中加分：

（1）企业购入的生产线，只要没有建好并投入生产，都不能获得加分。

（2）已经获得各项资格证书的市场、ISO、产品才能获得加分，正在开发但没有完成的，不能获得加分。

（3）在企业运行过程中，对于不能按照规则运行或不能按时完成运行的企业，在最终评定的总分中，给予减分的处罚。

二、实训成绩评定（建议）

课程结束后，每个组都会有一个实训成绩，但这个成绩并不能充分反映学生的真实情况，有的组虽然破产了，但运营过程中，组员可能一直积极参与，而且积累了很多宝贵的经验，下面给出一种较为科学的成绩评定方式：

实训课成绩 = 企业总成绩（50%）+ 成员表现（20%）+ 总结（30%）

成员表现：按时出勤，岗位分工明确，各司其职，制定计划，合作愉快，组间公平竞争，各个企业的团结程度、每个成员的参与程度，以及各种表格如运营表、损益表、现金流量预算表、采购计划表、贷款登记表、资产负债表的填写等都列为企业成员的综合表现评价。

总结：包括个人总结和团体总结。个人总结是课程结束后每个同学上交的一份实训报告，是对自己的体会、经验以及在实践中应用的理论知识进行的总结与归纳。要求：

（1）3000 字以上；图、表、文字配置实用、合理。排版美观、大方简洁、实用，格式合理，无错别字、病句。

（2）理论分析与实战操作结合，注重发现问题、分析问题和解决问题；经营财务统计数据占有充分，运用合理；具有创新思维。

（3）结构合理、条理清楚，观点准确，论证有说服力。解决问题建议具体、可操作、有说服力。感受和体会应实事求是。

团体总结就是以团队的形式上交一份《企业经营分析报告 PPT》，在全班总结时各个企业要站在团队全局的角度上利用多媒体向全班同学边展示边讲解，这也是经验共享的一个过程：包括本企业的企业文化、成员构成、整体战略、广告策略、市场定位、企业运营得失等。

三、个人总结报告的内容

ERP 沙盘模拟对抗课程的最后一个步骤就是撰写总结报告。总结报告是对经验的书面总结，其目的在于让学员将参与 ERP 沙盘模拟对抗课程的实战经验及心得体会记录下来，进一步加深学员对 ERP 的理解。总结的内容主要有整体战略、产品研发、生产及原料、市场及营销、财务及资金、团队协作与沟通几个方面。

（一）整体战略方面

总体来说，公司战略就是指规划公司目标以及为达到这一目标所需资源的取得、使用和处理方法。它是企业为了适应未来环境的变化，寻求长期生存和稳定发展而制定的总体性和长远性的谋划。战略方面的内容主要分两个层面：

1. 对企业长、中、短期策略的制定

在用友 ERP 教学版沙盘模拟训练中，每个企业的初始状态是相同的，给定的各项资源也是相同的，企业的目标可以说是在资源给定的情况下，追求尽可能大的产出。从外延上来看是追求利润，本质是资源的合理利用。在充分分析企业资源及市场信息的基础上，应从以下几个方面总结制定企业的战略规划：

（1）市场主导型与产能主导型的战略。市场主导型与产能主导型是沙盘模拟对抗中较为普遍采用的两种战略路线。但在仅进行 6 年的沙盘模拟对抗课程中，由于受各种规则和假设的限制，企业产能的大小却成为能否扩大市场份额从而占领市场的决定性的因素，以产定销的模式体现出较好的比赛成绩。因此如何分析、选择和制定企业的主导类型是企业确定市场和产品开发策略的前提，是企业战略首先要考虑的基本问题，这方面的问题也就成了学员们首先总结的问题。

（2）固定资产投资的战略。企业要想发展，扩大规模和产能，就必须通过固定资产投资、提高产能来实现。固定资产投资战略主要考虑的内容是在何时出多少钱购置或租用什么资产，因此学员们需要总结以下三个方面：第一，如何尽可能形成保证满足销售计划需要或是尽早地形成达到预计的产能规模，包括生产线及厂房如何获得；第二，如何做好财务规划，保证企业有充足的现金作为支持，不能因固定资产投资而使企业现金链断裂，防范和规避企业破产的风险；第三，如何选择性价比较高的资产进行投资，充分计算考虑设备及厂房的各项指数，每项资产的特性，及总共 6 年的投资经营期，合理及时地更新资产。

每一个部门都要统一理解公司的战略路线，并在战略路线的指导下，在 6 年决策中合理分配部门资源。生产和人力资源部门就要根据战略路线配比各期的产能，营销部门就要根据战略路线确定各期市场竞争思路，财务部门则要根据战略路线调节和平衡各期现金流量等等。因此在总结中也要分析战略的落实与执行情况。

2. 市场趋势的预测、既定战略的调整

沙盘模拟对抗的过程中，企业所面对的是一个不断变化的市场和一个不断变化的竞争环境，预测市场和调整战略也应该是企业每一期首先面临的任务，因此对这方面的总结也就显得尤为重要。

（1）市场预测的总结。市场预测的总结分为以下几个方面：第一，市场是通过哪些因素分析预测出的，有哪些方法与技巧。第二，市场预测的是否准确，可以总结出哪些经验和教训。第三，怎样把市场预测与企业战略相结合，预测结果对战略有哪些影响。

（2）战略调整的总结。战略调整主要从以下几个方面进行总结：第一，在模拟对抗过程中调整了哪些战略？是怎样调整的？第二，战略调整的原因是什么？哪些因素可以影响战略，怎样影响？第三，对战略的调整是否必要，调整方法是否正确？

（二）产品研发方面

沙盘模拟对抗课程中，产品研发周期不同，研发费也相应的有较大区别。总结产品研发方面的主要内容有：

（1）企业产品的研发是否与企业战略相一致，是否与市场预测相吻合，企业是否根据战略和市场的需要适当地选择了产品研发的种类。

（2）企业的产品研发是否与企业的生产相同步，有无因过多超前或滞后于生产环节而导致过度占用了资金或延误了生产。

（3）所选择研发的产品是否有效率，该产品所赚取的利润是否高于其研发成本，这里的成本不仅是研发本身的费用，而且还包括研发费用所占用资金的机会成本。

（4）是否出现因产品研发而导致企业资金链的断裂，如何控制和防范该风险，是否在必要时做出修改研发计划，甚至中断项目的决定。

（三）生产方面

在总结这一部分时，应关注以下内容：

1. 如何选择获取生产能力的方式

依照规则，企业的生产线及厂房可以通过购买或租赁两种方式取得，企业究竟采用哪一种方式,要根据企业战略及当时的财务状况进行适当选择,使资金得以高效率、高回报的利用。

2. 如何决策设备更新与生产线改良

依照规则,要关注如下内容:第一,在沙盘上共有手工、全自动、柔性及租赁线四类生产线可供选择,四种生产线各具特点,价格也各不相同,如何选取一个最佳的生产线更新顺序及组合方式是首先应该由计算决定的,使之匹配市场需求,保证交货期和数量,扩大设备产能。第二,生产线建设是有周期的,如何选择更新和新建生产线时间,使之与战略安排及产品研发同步,使其在6年的经营周期内尽量少的提取折旧,这些也是另一个总结的重要内容。第三,如何合理安排生产线所在厂房,使其所耗费的厂房成本最小,并在适当的时候出售设备,回笼部分资金,这些也是需要总结的方面。

3. 如何做好全盘生产流程调度决策,安排库存管理及产销配合

依照规则,要关注如下内容:第一,沙盘中共有 P1、P2、P3 和 P4 四种产品,充分利用手工、全自动、柔性及租赁线四类生产线各自的优势,合理安排每种产品的产能,使各种产品的产能最大化并且其比例与销售基本吻合,使产成品的库存降到最小。第二,企业可以生产的产品需要在 R1、R2、R3 和 R4 四种原材料中选取,其采购周期并不完全相同,根据需要产品的 BOM 表,合理安排原材料的订购时间,把原材料的库存降到最小,使企业占用的资金最少,同时又能充分保证生产的顺利进行。

(四) 市场营销与销售方面

这部分要总结的内容主要有:

1. 市场预测及开发决策

市场预测是指对市场趋势的判断。对市场趋势的把握是公司战略制定和实施的重要前提。市场趋势分为区域性趋势和时间序列趋势。

区域性趋势是指由地域的变化所带来的市场整体需求量的发展趋势,主要体现为宏观性的趋势,包括本地、区域、国内、亚洲及国际五个市场所需的产品结构及数量各不相同。对其的分析主要是根据有关的专业情报进行判断。在本课程中,以实战的市场分析提供的数据为准。

产品的需求数量和价格是存在时间性差异的,每一种产品的需求数量和价格都不是一成不变的,随着时间的推移都会出现最高值与最低值,存在很大不同。这就是产品需求的时间序列趋势。对其的分析主要也还是根据实战市场分析提供的数据做出初步判断。

市场预测要对两项趋势进行整合,计算分析比较得出市场及产品在各个时期总销售额和市场需求额的排序,确定各个市场开发、维护和退出的时间。

通过以上分析,这部分内容需要总结的是,计算和分析各个市场的开发和维护费用与在这个市场赚得的毛利比率,分析总结市场开发时间和效率的合理性。

2. 在市场中投标竞价的效率

市场中投标竞价的效率主要通过广告投入产出分析和市场占有率分析两个方面说明。总结中应着重分析每一期本企业的广告投入和产出比率,对比同行业竞争对手的策略,总结本企业在市场营销方面的策略是否得当。

3. 刺探同行敌情,抢攻市场

在沙盘模拟中,营销总监需要对同行业竞争对手的情况进行实地调查,例如竞争对手研

发了哪些产品，开拓了哪些市场，生产能力如何，资本结构如何等。对竞争对手的分析有利于企业合理利用资源，开展竞争与合作。总结时，要着重分析信息搜集的方法与技巧，以及利用情报进行谈判的技巧。

（五）财务方面

在总结报告中财务方面可以具体从以下方面进行总结：

1. 制定投资计划，评估应收账款金额与回收期

总结时要从投资计划的制定对财务上的影响上入手，分析在沙盘模拟中本企业对把握资金流的长期规划的程度，预计现金的流入和流出的准确性如何，其投资回收期是否准确，资金是否出现战略上大的缺口等。

2. 预估长、短期资金需求，寻求资金来源

总结的任务就在于深化学生对资金来源的预计和掌控。要总结模拟企业的资金具体来源于哪里，如何取得这些来源，其每个资金来源渠道能够筹集的资金额度是多少，在哪个时点上筹资，其代价又是多大？

3. 掌握资金来源与用途，妥善控制成本

模拟中的企业是制造性企业，其资金大多用在生产方面，如固定资产与厂房的购置，原材料的采购等，所以这还同时涉及生产上的成本控制问题。在总结时，要深入分析其资金的来源与用途是否匹配，有否存在滥用资金的现象。对生产过程中成本的控制也需要在总结中加以体现。

4. 制定预算

总结要体现模拟中企业运用预算的情况。该企业的预算是如何制定出来的，参与制定及决策的主体有哪些，预算的执行情况如何，其结果如何，如果实际与预算之间的差异过大，原因在哪里等。

5. 分析财务报表、运用财务指标进行内部诊断，协助管理决策

借助一些重要的财务指标，如毛利率、资产负债率、存货周转率等，使用一些财务分析方法，如杜邦分析、五力分析、成本结构变化分析、产品盈利分析等，都能对企业决策和内部诊断提供帮助，在总结报告中应包括对这方面内容的企业应用情况。

（六）团队协作与沟通方面

团队合作与沟通是ERP沙盘模拟课程的初衷之一。

1. 实地学习如何在立场不同的各部门间沟通协调

总结时应重点总结队员间沟通的形式与技巧，如何把自己所掌握的信息与其他队员共享，如何通过沟通与协调获取自己所需要的信息。

2. 培养不同部门人员的分工合作经营理念

在几天内学习并完成繁多的内容和复杂的步骤，没有良好的分工协作，很难做出合理周全的决策。对于如何分工则可以说是仁者见仁、智者见智，并不强调统一的分工模式，可以在学习和熟悉比赛规则阶段自行摸索，但可以肯定的是：分工是必需的。

总结时一是要描述自己团队的分工情况，并阐述分工的依据及职责的范围；二是要分析分工的合理性与弊端，查找在合作时出现的问题。

3. 建立以整体利益为导向的组织

沙盘模拟有助于学生形成宏观规划、战略布局的思维模式。通过这一模拟，各层面学员对公司业务都会达成一致的理性及感性认识，形成共同的思维模式，以及促进沟通的共同语言。

如何树立团队的共同目标，建立团队的组织机构，如何制定保障目标实现的决策机制与规章制度应作为这部分的总结内容。

四、企业经营分析报告的编制

经营分析报告是企业管理者相对熟悉的概念。广义的企业经营分析报告，是指运用科学、规范的评价方法，对企业一定经营期间的资产运营、财务效益等情况进行定量及定性的分析，做出真实、客观、公正的综合评判的书面文件，是企业管理和企业经营活动评价的一个重要环节。企业经营分析报告通常会提出、分析和尽可能地回答这样一些基本问题：企业在一定时期的经营活动取得了哪些成果，成果的绝对水平和相对水平怎样，取得成果的原因或存在问题的原因是什么，如何改进等等。

（一）企业经营分析报告的基本格式

狭义的经营分析报告，包括财务分析报告，由于大多用于企业内部管理，因而没有规定的标准格式和体裁。但要求能够反映成果、点面结合；抓住问题、分析透彻；提出建议、有理有据。报告应体现"总结过去，面向未来"的思想，遵循"发现问题——分析问题——解决问题"的思路，至少包括以下几个最基本的部分：

（1）基本成果描述——背景介绍；
（2）横向比与纵向比——发现或提出问题；
（3）财务指标与非财务指标的分析、分解——分析原因，揭示因果联系；
（4）提出发展或改进建议——解决问题，支持决策。

这样的结构具有逻辑性，可以让报告为企业管理层提供更好的决策支持。

（二）经营分析报告的结构要素

经营分析报告的结构要素包括以下几项：

1. 标题

标题应简明扼要，准确反映报告的主要内容。也可以通过主副标题的方式，在标题中将报告的分析期（如第×季度或××年度等）和报告的分析对象范围予以明确，以方便文件的管理和报告使用者的阅读。

2. 报告摘要

报告摘要是对本期报告核心内容的高度浓缩。要让报告使用者通过对摘要的阅读，用1~2分钟的时间，对报告的基本内容有一个大概的了解。所以，报告摘要应当用最简明的语言陈述下列问题：企业经营在特定期间取得的主要成果是什么？有何新成就、新变化或新问题？主要原因何在？主要建议或措施有哪些？能取得怎样的预期效果？

3. 经营概况描述

经营概况描述部分对企业在分析期内的经营状况和成果做简要说明，对计划执行情况和主要指标完成情况主要以数据进行描述，以概括地反映企业经营的基本面貌。其中涉及的主要指标，通常是由所选择的评价方法、企业规章制度等决定的。

4．主要指标完成情况的分析与评价

一般要对主要经营分析指标采用绝对数和相对数指标的方法，将实际指标与计划指标、本期与上年同期指标进行对比。有时还需要与历史最高水平以及与同行业其他企业进行对比。通过对实际完成的异常指标值的发现、分析和评价，深入查找与分析数据异常背后的原因、存在的问题等，以便提出改进建议。

5．建议和措施

经营分析报告是一种常规性的企业管理文件，改进管理是其重要功能之一。报告应当利用对整体情况和数据掌握的优势，针对企业内外环境的实际，包括取得的成就或存在的问题等，有针对性地提出一些或巩固、或发展、或改进的建议与措施等。

（三）经营分析报告的主要内容

狭义经营分析报告的主要内容尽管没有统一规定，但在实践中大体还是有章可循的。比如，财务分析报告在内容和分析方法上，基本依据的是杜邦分析系统的财务指标体系；经营分析报告则多数是杜邦的财务指标集合，加上一些非财务指标。在实际工作中，一些大型公司为了加强对下属企业的管理，往往对财务分析报告或者经营分析报告的内容和格式有明确规定。下面是一家公司对公司层和下属企业编制财务分析报告的内部规范，可作为编制财务分析报告或经营分析报告时的参考。该公司要求财务分析报告的内容应包括5个方面：

1．主要经营指标完成情况

这部分大体相当于经营成果的描述，包括计划的和实际完成的财务指标和非财务经营指标，与上期和上年同期的对比和增减比率等。

为了规范报告内容和简化工作的复杂性，这部分常常由企业统一制定标准化的表格，由财务人员按期填报，再添加简要文字说明即可。指标内容取决于公司下达的计划，一般包括短期和长期经济效益指标，例如主营业务收入或销售收入、销售毛利、销售净利润、产品销售率、资金周转率、投资收益率和权益收益率等。其中后两项一般按年计算。在需要时，可以从绝对数和相对数两个方面描述，并与上期和上年同期对比。

2．经营状况分析

（1）生产经营状况分析。将本期主要产品产量、销售额等与上年同期对比，并做简单评价。

（2）成本费用分析。包括将本期原材料消耗、单位产品成本、销售毛利、管理费用、销售费用（包括业务费、销售佣金等）与上年同期对比，对异常变化的指标要分析其变化的原因并做出说明，有可能时应提出提高效益和降低成本的具体措施和途径。

3．财务指标分析

（1）利润分析。分析利润增加或减少的原因，并寻求解决途径。包括：分析主要业务（产品）利润占全部利润比例，分析主要业务（产品）的市场吸引力和竞争实力，提出有利于开发和培育更多"明星"和"金牛"产品，减少"问题"和"瘦狗"产品的建议，通过优化产品组合，提升企业的利润和利润增长潜力。

（2）资金筹集与运用状况分析。包括对应收账款、产成品库存分析等。

应收账款分析,包括本期销售现金比率分析,大额应收账款形成原因及处理情况,应收账款账龄分析,减少应收账款总额和缩短应收账款账龄的措施等。

产成品库存分析,包括产品销售率分析、库存积压原因分析、库存积压产品处理情况(含处理的数量、金额及导致的损失)等。

(3)负债分析。通过负债比率、流动比率及速动比率等指标分析企业的偿债能力及财务风险的大小;分析本期负债增加的原因;分析负债成本,提出降低途径等。

4. 其他分析或说明

包括:对较大资产或负债项目的增减做出说明;对数额较大的待摊费用、预提费用超过限额部分做出分析;对其他影响企业效益和财务状况较大的项目和重大事件做出分析说明。

5. 建议与改进措施

在前面发现和分析问题的基础上,提出建议或改进措施。包括:就生产、经营活动提出改进建议;就降低成本、提高经济效益提出具体建议等等。

附录 A 企业运营过程记录表（新道商战沙盘系统）

表 1　　　　　　　　　　　　　　　　第　1　年

年初现金盘点					
申请长期贷款					
季初现金盘点（请填余额）					
更新短期贷款/还本付息					
更新生产/完工入库					
生产线完工					
申请短期贷款					
更新原料库（购买到期的原料，更新在途原料）					
订购原料					
购租厂房（选择厂房类型，选择购买或租赁）					
新建生产线（选择生产线类型及生产产品种类）					
在建生产线（生产线第二、三、四期的投资）					
生产线转产（选择转产产品种类）					
出售生产线					
开始下一批生产（空置的生产线开始新一轮生产）					
更新应收款（输入从应收款一期更新到现金库的金额）					
按订单交货					
厂房处理					
产品研发投资					
支付行政管理费					
新市场开拓					
ISO 资格认证投资					
支付设备维修费					
计提折旧					（　）
违约扣款					
紧急采购（随时进行）					
出售库存（随时进行）					
应收款贴现（随时进行）					
贴息（随时进行）					
其他现金收支情况登记（根据需要填写）					
期末现金对账（请填余额）					

表 2　　　　　　　　　　　　　　　订单登记表

市场											
产品											
数量											
交货期											
应收款账期											
销售额											
成本											
毛利											

表 3　　　　　　　　　　　　　　　产品核算统计表

	P1	P2	P3	P4	P5	合计
数量						
销售额						
成本						
毛利						

表 4　　　　　　　　　　　　　　　综合管理费用明细表　　　　　　　　　　　　单位：W

项　目	金　额	备　注
管理费		
广告费		
维修费		
租金		
转产费		
市场准入开拓		□本地　□区域　□国内　□亚洲　□国际
ISO 资格认证		□ISO 9000　　□ISO 14000
产品研发		P1（　）P2（　）　P3（　）P4（　）P5（　）
损失		
合　计		

表5　　　　　　　　　　　　　　　　利　润　表　　　　　　　　　　　　　　　　单位：W

项目	本年数
销售收入	
直接成本	
毛利	
综合费用	
折旧前利润	
折旧	
支付利息前利润	
财务费用（利息+贴息）	
税前利润	
所得税	
净利润	

表6　　　　　　　　　　　　　　　　资产负债表　　　　　　　　　　　　　　　　单位：W

资产	金额	负债和所有者权益	金额
流动资产：		负债：	
现金		长期负债	
应收账款		短期负债	
在制品		应交税金	
成品			
原料			
流动资产合计		负债合计	
固定资产：		所有者权益：	
土地和建筑		股东资本	
机器与设备		利润留存	
在建工程		年度净利	
固定资产合计		所有者权益合计	
资产总计		负债和所有者权益总计	

表 7　　　　　　　　　　　第 2 年

项目				
年初现金盘点				
申请长期贷款				
季初现金盘点（请填余额）				
更新短期贷款/还本付息				
更新生产/完工入库				
生产线完工				
申请短期贷款				
更新原料库（购买到期的原料，更新在途原料）				
订购原料				
购租厂房（选择厂房类型，选择购买或租赁）				
新建生产线（选择生产线类型及生产产品种类）				
在建生产线（生产线第二、三、四期的投资）				
生产线转产（选择转产产品种类）				
出售生产线				
开始下一批生产（空置的生产线开始新一轮生产）				
更新应收款（输入从应收款一期更新到现金库的金额）				
按订单交货				
厂房处理				
产品研发投资				
支付行政管理费				
新市场开拓				
ISO 资格认证投资				
支付设备维修费				
计提折旧				（ ）
违约扣款				
紧急采购（随时进行）				
出售库存（随时进行）				
应收款贴现（随时进行）				
贴息（随时进行）				
其他现金收支情况登记（根据需要填写）				
期末现金对账（请填余额）				

表 8　　　　　　　　　　　　　　　　　订单登记表

市场											
产品											
数量											
交货期											
应收款账期											
销售额											
成本											
毛利											

表 9　　　　　　　　　　　　　　　　　产品核算统计表

	P1	P2	P3	P4	P5	合计
数量						
销售额						
成本						
毛利						

表 10　　　　　　　　　　　　　综合管理费用明细表　　　　　　　　　　　　单位：W

项　目	金　额	备　注
管理费		
广告费		
维修费		
租金		
转产费		
市场准入开拓		□本地　□区域　□国内　□亚洲　□国际
ISO 资格认证		□ISO 9000　　□ISO 14000
产品研发		P1（　）P2（　）P3（　）P4（　）P5（　）
损失		
合　计		

表 11　　　　　　　　　　　　　　利　润　表　　　　　　　　　　　　　单位：W

项　目	本　年　数
销售收入	
直接成本	
毛利	
综合费用	
折旧前利润	
折旧	
支付利息前利润	
财务费用（利息＋贴息）	
税前利润	
所得税	
净利润	

表 12　　　　　　　　　　　　　　资产负债表　　　　　　　　　　　　　单位：W

资　　产	金　额	负债和所有者权益	金　额
流动资产：		负债：	
现金		长期负债	
应收账款		短期负债	
在制品		应交税金	
成品			
原料			
流动资产合计		负债合计	
固定资产：		所有者权益：	
土地和建筑		股东资本	
机器与设备		利润留存	
在建工程		年度净利	
固定资产合计		所有者权益合计	
资产总计		负债和所有者权益总计	

表 13　　　　　　　　　　第 3 年

年初现金盘点				
申请长期贷款				
季初现金盘点（请填余额）				
更新短期贷款/还本付息				
更新生产/完工入库				
生产线完工				
申请短期贷款				
更新原料库（购买到期的原料，更新在途原料）				
订购原料				
购租厂房（选择厂房类型，选择购买或租赁）				
新建生产线（选择生产线类型及生产产品种类）				
在建生产线（生产线第二、三、四期的投资）				
生产线转产（选择转产产品种类）				
出售生产线				
开始下一批生产（空置的生产线开始新一轮生产）				
更新应收款（输入从应收款一期更新到现金库的金额）				
按订单交货				
厂房处理				
产品研发投资				
支付行政管理费				
新市场开拓				
ISO 资格认证投资				
支付设备维修费				
计提折旧				（ ）
违约扣款				
紧急采购（随时进行）				
出售库存（随时进行）				
应收款贴现（随时进行）				
贴息（随时进行）				
其他现金收支情况登记（根据需要填写）				
期末现金对账（请填余额）				

表 14　　　　　　　　　　　　　　　订单登记表

市场											
产品											
数量											
交货期											
应收款账期											
销售额											
成本											
毛利											

表 15　　　　　　　　　　　　　　产品核算统计表

	P1	P2	P3	P4	P5	合计
数量						
销售额						
成本						
毛利						

表 16　　　　　　　　　　　　　综合管理费用明细表　　　　　　　　　　　单位：W

项　目	金　额	备　注
管理费		
广告费		
维修费		
租金		
转产费		
市场准入开拓		□本地　　□区域　　□国内　　□亚洲　　□国际
ISO 资格认证		□ISO 9000　　　□ISO 14000
产品研发		P1（　）P2（　）　P3（　）P4（　）P5（　）
损失		
合　计		

表 17　　　　　　　　　　　　　　　　利　润　表　　　　　　　　　　　　　　单位：W

项　目	本 年 数
销售收入	
直接成本	
毛利	
综合费用	
折旧前利润	
折旧	
支付利息前利润	
财务费用（利息＋贴息）	
税前利润	
所得税	
净利润	

表 18　　　　　　　　　　　　　　　　资产负债表　　　　　　　　　　　　　　单位：W

资　产	金　额	负债和所有者权益	金　额
流动资产：		负债：	
现金		长期负债	
应收账款		短期负债	
在制品		应交税金	
成品			
原料			
流动资产合计		负债合计	
固定资产：		所有者权益：	
土地和建筑		股东资本	
机器与设备		利润留存	
在建工程		年度净利	
固定资产合计		所有者权益合计	
资产总计		负债和所有者权益总计	

表 19	第 4 年				
年初现金盘点					
申请长期贷款					
季初现金盘点（请填余额）					
更新短期贷款/还本付息					
更新生产/完工入库					
生产线完工					
申请短期贷款					
更新原料库（购买到期的原料，更新在途原料）					
订购原料					
购租厂房（选择厂房类型，选择购买或租赁）					
新建生产线（选择生产线类型及生产产品种类）					
在建生产线（生产线第二、三、四期的投资）					
生产线转产（选择转产产品种类）					
出售生产线					
开始下一批生产（空置的生产线开始新一轮生产）					
更新应收款（输入从应收款一期更新到现金库的金额）					
按订单交货					
厂房处理					
产品研发投资					
支付行政管理费					
新市场开拓					
ISO 资格认证投资					
支付设备维修费					
计提折旧					（ ）
违约扣款					
紧急采购（随时进行）					
出售库存（随时进行）					
应收款贴现（随时进行）					
贴息（随时进行）					
其他现金收支情况登记（根据需要填写）					
期末现金对账（请填余额）					

表 20　　　　　　　　　　　　　　订单登记表

市场										
产品										
数量										
交货期										
应收款账期										
销售额										
成本										
毛利										

表 21　　　　　　　　　　　　　产品核算统计表

	P1	P2	P3	P4	P5	合计
数量						
销售额						
成本						
毛利						

表 22　　　　　　　　　　　　综合管理费用明细表　　　　　　　　　　　　单位：W

项　目	金　额	备　注
管理费		
广告费		
维修费		
租金		
转产费		
市场准入开拓		□本地　　□区域　　□国内　　□亚洲　　□国际
ISO 资格认证		□ISO 9000　　　□ISO 14000
产品研发		P1（　）P2（　）　P3（　）P4（　）P5（　）
损失		
合　计		

表 23　　　　　　　　　　　　　　　利　润　表　　　　　　　　　　　　　　单位：W

项　目	本 年 数
销售收入	
直接成本	
毛利	
综合费用	
折旧前利润	
折旧	
支付利息前利润	
财务费用（利息＋贴息）	
税前利润	
所得税	
净利润	

表 24　　　　　　　　　　　　　　　资产负债表　　　　　　　　　　　　　　单位：W

资　产	金　额	负债和所有者权益	金　额
流动资产：		负债：	
现金		长期负债	
应收账款		短期负债	
在制品		应交税金	
成品			
原料			
流动资产合计		负债合计	
固定资产：		所有者权益：	
土地和建筑		股东资本	
机器与设备		利润留存	
在建工程		年度净利	
固定资产合计		所有者权益合计	
资产总计		负债和所有者权益总计	

表 25　　　　　　　　　第 5 年

项目				
年初现金盘点				
申请长期贷款				
季初现金盘点（请填余额）				
更新短期贷款/还本付息				
更新生产/完工入库				
生产线完工				
申请短期贷款				
更新原料库（购买到期的原料，更新在途原料）				
订购原料				
购租厂房（选择厂房类型，选择购买或租赁）				
新建生产线（选择生产线类型及生产产品种类）				
在建生产线（生产线第二、三、四期的投资）				
生产线转产（选择转产产品种类）				
出售生产线				
开始下一批生产（空置的生产线开始新一轮生产）				
更新应收款（输入从应收款一期更新到现金库的金额）				
按订单交货				
厂房处理				
产品研发投资				
支付行政管理费				
新市场开拓				
ISO 资格认证投资				
支付设备维修费				
计提折旧				（　）
违约扣款				
紧急采购（随时进行）				
出售库存（随时进行）				
应收款贴现（随时进行）				
贴息（随时进行）				
其他现金收支情况登记（根据需要填写）				
期末现金对账（请填余额）				

表 26　　　　　　　　　　　　　　　　订单登记表

市场										
产品										
数量										
交货期										
应收款账期										
销售额										
成本										
毛利										

表 27　　　　　　　　　　　　　　　产品核算统计表

	P1	P2	P3	P4	P5	合计
数量						
销售额						
成本						
毛利						

表 28　　　　　　　　　　　　　综合管理费用明细表　　　　　　　　　　　单位：W

项　目	金　额	备　注
管理费		
广告费		
维修费		
租金		
转产费		
市场准入开拓		□本地　□区域　□国内　□亚洲　□国际
ISO 资格认证		□ISO 9000　　□ISO 14000
产品研发		P1（　）P2（　）　P3（　）P4（　）P5（　）
损失		
合　计		

表29　　　　　　　　　　　　　　　利　润　表　　　　　　　　　　　　　　单位：W

项　目	本　年　数
销售收入	
直接成本	
毛利	
综合费用	
折旧前利润	
折旧	
支付利息前利润	
财务费用（利息+贴息）	
税前利润	
所得税	
净利润	

表30　　　　　　　　　　　　　　资产负债表　　　　　　　　　　　　　　单位：W

资　产	金　额	负债和所有者权益	金　额
流动资产：		负债：	
现金		长期负债	
应收账款		短期负债	
在制品		应交税金	
成品			
原料			
流动资产合计		负债合计	
固定资产：		所有者权益：	
土地和建筑		股东资本	
机器与设备		利润留存	
在建工程		年度净利	
固定资产合计		所有者权益合计	
资产总计		负债和所有者权益总计	

表 31　　　　　　　　　　第 6 年

年初现金盘点			
申请长期贷款			
季初现金盘点（请填余额）			
更新短期贷款/还本付息			
更新生产/完工入库			
生产线完工			
申请短期贷款			
更新原料库（购买到期的原料，更新在途原料）			
订购原料			
购租厂房（选择厂房类型，选择购买或租赁）			
新建生产线（选择生产线类型及生产产品种类）			
在建生产线（生产线第二、三、四期的投资）			
生产线转产（选择转产产品种类）			
出售生产线			
开始下一批生产（空置的生产线开始新一轮生产）			
更新应收款（输入从应收款一期更新到现金库的金额）			
按订单交货			
厂房处理			
产品研发投资			
支付行政管理费			
新市场开拓			
ISO 资格认证投资			
支付设备维修费			
计提折旧			（　　）
违约扣款			
紧急采购（随时进行）			
出售库存（随时进行）			
应收款贴现（随时进行）			
贴息（随时进行）			
其他现金收支情况登记（根据需要填写）			
期末现金对账（请填余额）			

表32　　　　　　　　　　　　　　　　订单登记表

市场											
产品											
数量											
交货期											
应收款账期											
销售额											
成本											
毛利											

表33　　　　　　　　　　　　　　　　产品核算统计表

	P1	P2	P3	P4	P5	合计
数量						
销售额						
成本						
毛利						

表34　　　　　　　　　　　　　综合管理费用明细表　　　　　　　　　　　　　单位：W

项　目	金　额	备　注
管理费		
广告费		
维修费		
租金		
转产费		
市场准入开拓		□本地　□区域　□国内　□亚洲　□国际
ISO资格认证		□ISO 9000　□ISO 14000
产品研发		P1（　）P2（　）P3（　）P4（　）P5（　）
损失		
合　计		

表35　　　　　　　　　　　　　　　　利　润　表　　　　　　　　　　　　　　　　　单位：W

项　目	本　年　数
销售收入	
直接成本	
毛利	
综合费用	
折旧前利润	
折旧	
支付利息前利润	
财务费用（利息＋贴息）	
税前利润	
所得税	
净利润	

表36　　　　　　　　　　　　　　　　资产负债表　　　　　　　　　　　　　　　　单位：W

资　产	金　额	负债和所有者权益	金　额
流动资产：		负债：	
现金		长期负债	
应收账款		短期负债	
在制品		应交税金	
成品			
原料			
流动资产合计		负债合计	
固定资产：		所有者权益：	
土地和建筑		股东资本	
机器与设备		利润留存	
在建工程		年度净利	
固定资产合计		所有者权益合计	
资产总计		负债和所有者权益总计	

附录 B 生产计划及采购计划编制

表 37　　　　　　　　　　　　　生产计划及采购计划编制（1～3 年）

生产线		第 1 年				第 2 年				第 3 年			
		一季度	二季度	三季度	四季度	一季度	二季度	三季度	四季度	一季度	二季度	三季度	四季度
1	产品												
	材料												
2	产品												
	材料												
3	产品												
	材料												
4	产品												
	材料												
5	产品												
	材料												
6	产品												
	材料												
7	产品												
	材料												
8	产品												
	材料												
合计	产品												
	材料												

表38 生产计划及采购计划编制（4～6年）

生产线		第 4 年				第 5 年				第 6 年			
		一季度	二季度	三季度	四季度	一季度	二季度	三季度	四季度	一季度	二季度	三季度	四季度
1	产品												
	材料												
2	产品												
	材料												
3	产品												
	材料												
4	产品												
	材料												
5	产品												
	材料												
6	产品												
	材料												
7	产品												
	材料												
8	产品												
	材料												
合计	产品												
	材料												

附录 C　开工计划

表 39

产品	第 1 年				第 2 年				第 3 年			
	一季度	二季度	三季度	四季度	一季度	二季度	三季度	四季度	一季度	二季度	三季度	四季度
P1												
P2												
P3												
P4												
人工												
付款												

产品	第 4 年				第 5 年				第 6 年			
	一季度	二季度	三季度	四季度	一季度	二季度	三季度	四季度	一季度	二季度	三季度	四季度
P1												
P2												
P3												
P4												
人工												
付款												

附录 D 采购及材料付款计划

表 40

产品	第 1 年				第 2 年				第 3 年			
	一季度	二季度	三季度	四季度	一季度	二季度	三季度	四季度	一季度	二季度	三季度	四季度
R1												
R2												
R3												
R4												
材料付款												

产品	第 4 年				第 5 年				第 6 年			
	一季度	二季度	三季度	四季度	一季度	二季度	三季度	四季度	一季度	二季度	三季度	四季度
R1												
R2												
R3												
R4												
材料付款												

表 41　应收账款登记表

公司	账款类别		第 1 年				第 2 年				第 3 年			
			1	2	3	4	1	2	3	4	1	2	3	4
	应收期	1												
		2												
		3												
		4												
	到款													
	贴现													
	贴现费													

公司	账款类别		第 4 年				第 5 年				第 6 年			
			1	2	3	4	1	2	3	4	1	2	3	4
	应收期	1												
		2												
		3												
		4												
	到款													
	贴现													
	贴现费													

表 42　　　　　　　　　　　　市场开发投入登记表

公司代码：

年度	区域市场（1y）	国内市场（2y）	亚洲市场（3y）	国际市场（4y）	完成	监督员签字
第 1 年						
第 2 年						
第 3 年						
第 4 年						
第 5 年						
第 6 年						
总计						

表 43　　　　　　　　　　　　产品开发登记表

年度	P2	P3	P4	总计	完成	监督员签字
第 1 年						
第 2 年						
第 3 年						
第 4 年						
第 5 年						
第 6 年						
总计						

表 44　　　　　　　　　　　　ISO 认证投资

年度	第 1 年	第 2 年	第 3 年	第 4 年	第 5 年	第 6 年
ISO 9000						
ISO 14000						
总计						
监督员签字						

表45　产品（原材料）交易订单

购买单位		购买时间		年		季	
销售单位		完工时间		年		季	
产品/原料		原料			产品		
产品/原料	R1	R2	R3	R4	P1	P2	P3	P4
成交数量								
成交金额								
付款方式								
购买人								
售货人								
审核人								

注：1. 完工时间必须小于购买时间，否则为无效交易；
　　2. 本协议可以事先签订，但必须交双方监督员审核签字后生效；
　　3. 如果没有双方监督人签字，视为无效交易；
　　4. 无效交易按交易额扣除双方利润。

表46　产品（原材料）交易订单

购买单位		购买时间		年		季	
销售单位		完工时间		年		季	
产品/原料		原料			产品		
产品/原料	R1	R2	R3	R4	P1	P2	P3	P4
成交数量								
成交金额								
付款方式								
购买人								
售货人								
审核人								

注：1. 完工时间必须小于购买时间，否则为无效交易；
　　2. 本协议可以事先签订，但必须交双方监督员审核签字后生效；
　　3. 如果没有双方监督人签字，视为无效交易；
　　4. 无效交易按交易额扣除双方利润。

表47　产品（原材料）交易订单

购买单位		购买时间		年		季	
销售单位		完工时间		年		季	
产品/原料		原料			产品		
产品/原料	R1	R2	R3	R4	P1	P2	P3	P4
成交数量								
成交金额								
付款方式								
购买人								
售货人								
审核人								

注：1. 完工时间必须小于购买时间，否则为无效交易；
　　2. 本协议可以事先签订，但必须交双方监督员审核签字后生效；
　　3. 如果没有双方监督人签字，视为无效交易；
　　4. 无效交易按交易额扣除双方利润。

表48　产品（原材料）交易订单

购买单位		购买时间		年		季	
销售单位		完工时间		年		季	
产品/原料		原料			产品		
产品/原料	R1	R2	R3	R4	P1	P2	P3	P4
成交数量								
成交金额								
付款方式								
购买人								
售货人								
审核人								

注：1. 完工时间必须小于购买时间，否则为无效交易；
　　2. 本协议可以事先签订，但必须交双方监督员审核签字后生效；
　　3. 如果没有双方监督人签字，视为无效交易；
　　4. 无效交易按交易额扣除双方利润。

附录 • 159

表49　产品（原材料）交易订单

购买单位		购买时间		年		季	
销售单位		完工时间		年		季	
		原料				产品	
产品/原料	R1	R2	R3	R4	P1	P2	P3	P4
成交数量								
成交金额								
付款方式								
购买人								
售货人								
审核人								

注：1. 完工时间必须小于购买时间，否则为无效交易；
　　2. 本协议可以事先签订，但必须交双方监督员审核签字后生效；
　　3. 如果没有双方监督人签字，视为无效交易；
　　4. 无效交易按交易额扣除双方利润。

表50　产品（原材料）交易订单

购买单位		购买时间		年		季	
销售单位		完工时间		年		季	
		原料				产品	
产品/原料	R1	R2	R3	R4	P1	P2	P3	P4
成交数量								
成交金额								
付款方式								
购买人								
售货人								
审核人								

注：1. 完工时间必须小于购买时间，否则为无效交易；
　　2. 本协议可以事先签订，但必须交双方监督员审核签字后生效；
　　3. 如果没有双方监督人签字，视为无效交易；
　　4. 无效交易按交易额扣除双方利润。

表51　产品（原材料）交易订单

购买单位		购买时间		年		季	
销售单位		完工时间		年		季	
		原料				产品	
产品/原料	R1	R2	R3	R4	P1	P2	P3	P4
成交数量								
成交金额								
付款方式								
购买人								
售货人								
审核人								

注：1. 完工时间必须小于购买时间，否则为无效交易；
　　2. 本协议可以事先签订，但必须交双方监督员审核签字后生效；
　　3. 如果没有双方监督人签字，视为无效交易；
　　4. 无效交易按交易额扣除双方利润。

表52　产品（原材料）交易订单

购买单位		购买时间		年		季	
销售单位		完工时间		年		季	
		原料				产品	
产品/原料	R1	R2	R3	R4	P1	P2	P3	P4
成交数量								
成交金额								
付款方式								
购买人								
售货人								
审核人								

注：1. 完工时间必须小于购买时间，否则为无效交易；
　　2. 本协议可以事先签订，但必须交双方监督员审核签字后生效；
　　3. 如果没有双方监督人签字，视为无效交易；
　　4. 无效交易按交易额扣除双方利润。

参 考 文 献

[1] 王新玲主编. ERP 沙盘模拟实训教程 [M]. 北京, 清华大学出版社, 2017 年.
[2] 何晓岚、金晖主编. 商战实践平台指导教程 [M]. 北京, 清华大学出版社, 2012 年.
[3] 彭十一. 企业经营管理 ERP 沙盘模拟 [M]. 北京, 中国财政经济出版社, 2018 年.